반도체 투자 스펙트럼

JP모건 한국 리서치 헤드의 글로벌 리포트

반도체 투자 스펙트럼

박정준(JJ Park) 지음

아시아 지역 IT를 대표하는 애널리스트

아시아 IT 섹터 헤드

한국 반도체 산업 성장의 비하인드 스토리

SK하이닉스 30년 관찰 포인트

삼성전자의 구조적인 이슈 및 해결 방안

애널리스트의 주식 분석과 목표주가 산정 과정에 숨겨진 허와 실

외국계 증권사의 일과

해외 투자자들이 중요하게 생각하는 투자 지표와 정보

반도체 회사의 핵심기술과 가치

최근 해외 및 국내 기관 투자자들의 투자 방식

외국계 증권사를 둘러싼 음모론

주식투자 관련 격언의 허구성

경쟁력 있는 글로벌 반도체주 추천

프롤로그

나는 1996년 2월 현대그룹 공채로 SK하이닉스의 전신인 현대전자에 입사해 직장 생활을 시작했다. 이후 회사의 메모리마케팅본부와 국제금융팀에서 근무하며 반도체 산업 전반에 대한 배움을 얻었다.

IMF 사태가 터지고 정부가 반도체 빅딜을 진행했을 때는 LG반도체와의 합병 과정에서 통합추진단의 실무자로 일하며 역사의 한복판에 있었다. 그 후 현대전자가 하이닉스 반도체로 사명을 바꾸며 살아남으려고 몸부림치는 과정 또한 직접 목격했다.

그러다 2001년 9월 내게 애널리스트로 성공할 소양과 가능성이 있다고 눈여겨봐준 리서치 헤드의 추천으로 굿모닝증권(현 신한투자증권)으로 이직하며 반도체 애널리스트로서 첫발을 내디뎠다.

하지만 당시 국내 증권사보다 외국계 증권사 애널리스트의 목소리에 더 귀를 기울이는 현실에 직면하고 더 큰 기회의 문을 두드리다 2002년

8월 세계 최고의 금융회사인 JP모건에 입사했다. 그 후 21년 넘게 JP모건 증권에서 반도체 애널리스트로 일하며 최연소로 임원 승진을 하는 기록을 세웠고, 임원으로 13년간 쉴 새 없이 내달리며 한국 리서치 헤드, 아시아 IT 섹터 헤드를 역임했다.

내가 이 책을 쓴 이유는 하이닉스 직원으로서 또 외국계 증권사 반도체 애널리스트로서 수많은 반도체 사이클을 겪고, SK하이닉스의 흥망을 30년 동안 지켜보면서 체득한 지식과 경험을 전하고 싶은 마음이 들어서였다. 세계의 패권을 좌우하는 거대한 산업의 무대 뒤에서 펼쳐진 흥미로운 에피소드와 비하인드 스토리를 세상에 알리고 싶기도 했다.

이런 연유로 나는 이 책을 통해 몰락한 하이닉스가 우여곡절을 딛고 대한민국에서 삼성전자 다음으로 시장가치가 큰 기업으로 우뚝 성장한 신화의 배경과 그 역사를 되짚어보고 싶다. 아울러 SK하이닉스뿐 아니라 반도체 산업이 대한민국 경제에 어떤 의미를 지니는지 살펴보고자 한다.

그리고 하이닉스와 JP모건에서 쌓은 이력을 바탕으로, 한국뿐 아니라 아시아 지역 IT를 대표하는 애널리스트로서, 한국 반도체 산업이 어떻게 성장했는지 또 내가 한국의 주요 IT 기업들과 함께 어떻게 성장했는지 정리해보고 싶다. 특히 주식에 관심이 있는 투자자들에게 증권사 애널리스트가 어떻게 주식 분석을 하고 목표주가를 산정하는지 그 과정에 숨겨진 허와 실을 가감 없이 보여주고 싶다.

일반인들에게 생소할 수 있는 외국계 증권사의 일과와 외국 투자자들이 투자할 때 중요하게 생각하는 지표와 정보 그리고 최근 해외 및 국내 기관 투자자들의 투자 방식에 대해 알려주고자 한다. 또한 일반 투자자들이 진실이라고 여기고 있는 외국계 증권사를 둘러싼 음모론과 주식투자 관련 격언의 허구성에 대해서도 짚어보고자 한다. 마지막으로 유망한 투자처를 살펴보고 주식투자를 할 때 왜 돈을 버는 투자가 아니라 돈을 잃지 않는 투자를 해야 하는지 자세히 설명할 예정이다.

그리고 반도체 산업의 개요와 한국 반도체의 미래와 같은 산업에 대한 분석뿐 아니라 IMF 때 이루어진 정부 주도의 빅딜, 정부가 미국 마이크론사에 하이닉스를 매각하려고 시도한 일, 닷컴 버블과 911테러 때의 주식시장 상황, 글로벌 금융위기가 터졌을 때 외국 금융사 분위기, 하이닉스의 키옥시아, 인텔 낸드 사업부 인수 관련 뒷이야기, 삼성전자가 당면한 문제점들과 해결 방안, 반도체 사이클 패턴 분석, 최근 각광받고 있는 인공지능과 HBM 등 지난 30년간의 반도체 사이클과 주식시장의 큰 이벤트를 내 경험을 바탕으로 생생하게 전달하고 성공적인 주식투자를 위한 지식을 공유하고자 한다.

국내외 반도체 회사들의 장단점과 반도체 산업 내에서의 공급망 분석의 중요성 등과 함께 전 세계 반도체 섹터 전반에 관련된 투자에 대한 가이던스도 제공하고자 한다. 아울러 반도체 주식뿐 아니라 기업 분석에 필요한 기본적인 지식과 노하우도 독자 여러분과 나누고 싶다.

반도체를 다룬 책은 이미 많이 출판되어 있지만 이 책은 어려운 반도체 용어와 공정 등에 대한 자세한 기술보다는 반도체 회사에 투자하는 데 필요한 상식과 용어 등에 초점을 맞추었다. 무엇보다 반도체 주식에 투자할 때 꼭 짚어봐야 할 위험 요소들도 중점적으로 다루었다.

애널리스트로 활동하면서 나는 300번이 넘는 해외 출장, 수많은 상장 주관 업무, 주요 대기업 임원들을 초청한 투자 설명회 등을 통해 전 세계 투자자들과 무수한 미팅을 했다. 그 과정에서 한국 주식시장뿐 아니라 전 세계 주식시장에 대한 많은 경험과 지식을 얻었다. 그렇게 내가 배우고 습득한 정보를 이 책을 통해 일반 독자와 공유하고 싶다. 한국 시장을 넘어서 세계 시장에서 투자의 기회를 찾고자 하는 일반 투자자들에게 정보의 홍수 속에서 꼭 필요한 지표가 무엇인지는 물론이고 자료의 활용 방법에 대해서도 알려줄 예정이다.

끝으로 백세 인생에서 반을 조금 넘게 살았을 뿐이지만 30년 가까운 직장 생활에서 얻은 나름의 교훈과 경험을 바탕으로 기업 분석이나 투자은행 쪽 일을 하고 싶어하는 친구들을 위해 회사가 지원자에게 요구하는 조건과 면접 때 면접관이 중요하게 보는 포인트를 귀띔해주고자 한다.

이 책은 크게 3개의 파트로 구성되어 있다. 첫 번째 파트에는 반도체 산업의 개요와 한국 반도체의 히스토리를 SK하이닉스 중심으로 서술했다. 여기서는 반도체 산업에 초점을 맞추었기 때문에 투자 관련 내용보다는 산업과 기술에 관련된 내용을 중점적으로 다루었다. 반도체 산업에 익숙하지 않은 독자를 위해 쉽게 풀어서 설명했지만 그래도 생소하고 어렵다고 여겨지는 부분은 건너뛰고 읽어도 다음에 나오는 반도체 투자와 관련된 내용을 이해하는 데 그리 지장을 주지 않을 것이다.

두 번째 파트에는 오랫동안 반도체 애널리스트로서 업계 최전선에서 흥망성쇠를 함께한 경험을 바탕으로 반도체 회사를 분석하는 방법과 중요하게 생각하는 자료 및 지표에 대해 설명했다. 개별 투자에 필요한 반도체 기업의 핵심 기술과 가치는 물론이고, 반도체 주식에만 그치지 않고 전체적인 실전 투자에 꼭 필요한 정보 또한 다루었다.

외국계 증권사 애널리스트와 투자은행 애널리스트의 생활과 업무 방식을 생생하게 전달하기 위해 노력했고 애널리스트로 일하는 동안 흥미 있었던 에피소드와 화제가 되었던 사건 등도 소개했다.

마지막 파트에는 반도체 산업의 전망에 대해 기술했다. 또한 전 세계 반도체 산업 공급망에 대해 분석했고 주요한 위치에 있는 투자 유망 회사를 추천했다. 그리고 본문에 전문 용어가 많이 나오는 관계로 반도체 투자에 필요한 개념과 용어를 정리하고 기업 가치 분석과 투자은행에서 많이 사용하는 용어에 대해 설명해놓았다.

따라서 독자가 원하는 방향에 따라 파트별로 나누어 읽어도 무방하지 않을까 싶다.

차 례

PART 2. 반도체 애널리스트 JJ Park

PART 3. 반도체주에 투자하는 당신에게

PART 1

반도체 산업의 개요

1 알기 쉬운
반도체 히스토리

반도체가 산업에 미치는 영향 :
반도체가 중요한 이유

반도체가 우리나라 경제에서 차지하는 비중은 매우 크다. 15대 주요 수출 품목 중 규모가 가장 크고, 전체 수출액이 반도체 수출과 동조하는 경향을 보이기 때문에 한국 경제가 반도체에 전적으로 의존하고 있다고 해도 과언이 아니다. 반도체 가격에 따라 수출에서 차지하는 비중에 변화가 있지만, 보통 전체 수출에서 10% 중반에서 20% 가까이 차지하고 있고 반도체 슈퍼사이클이 있었던 2018년에는 반도체가 전체 수출의 21%를 차지했다.

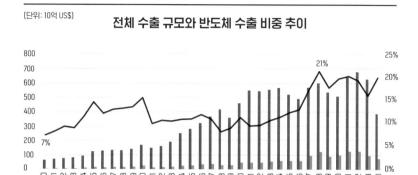

[단위: 10억 US$]

전체 수출 규모와 반도체 수출 비중 추이

[출처: 한국 무역 통계]

　참고로 여기에 해외에서 생산되는 물량은 포함되어 있지 않기 때문에 실제로 반도체가 한국 경제에 미치는 영향은 수치로 보이는 것보다 훨씬 더 높다고 할 수 있다.

　미국이 자국의 반도체 산업을 보호하기 위해 제정한 칩스법 탓에 향후 국내 반도체 회사는 해외 투자를 계속 유지할 것이다. 그렇지만 제조 원가, 연구 인력, 인프라 등을 고려할 때 메모리 반도체는 국내 생산을 원칙으로 하고 비메모리와 메모리 후공정 분야는 미국에 어느 정도 생산설비를 분산하리라 예상된다.

칩스법(Chip and Science Act)

미국의 반도체 지원법. 미국의 반도체 공장에 투자할 때 세액 공제 25%, 반도체 시설 건립 및 연구 개발에 530억 달러를 지원하는 법률로 미국 내 반도체 제조 역량 제고를 목적으로 제정되었다. 세부 내용은 설비 투자비 및 연구 개발 지원, 반도체 관련 인력 양성을 위한 연구 허브 지원, 반도체 공급 인프라 투자이다.

반도체와 반도체 장비는 수입 규모 면에서도 원유와 가스 같은 원재료를 제외하고 단일 품목으로 가장 비중이 높은 품목 중 하나이다. 수입 반도체 가운데 대부분이 비메모리라 메모리 반도체와 달리 가격 변동성이 크지는 않다.

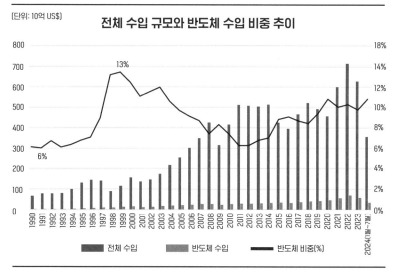

[출처: 한국 무역 통계]

또한 반도체 업종이 주식시장에서 차지하는 비중은 30% 가까이 되기 때문에 코스피의 흐름도 결국은 반도체 업종의 주가 방향에 따라 달라진다. 전체 상장사 영업이익을 보면 실제로 반도체 업종의 기여도는 더 높아진다. 2018년에는 삼성전자와 SK하이닉스 두 회사의 영업이익이 전체 상장사 영업이익의 45%를 차지했고, 관련된 반도체 장비와 부품 회사들을 다 포함하면 차지하는 비중은 50%를 넘는다.

따라서 한국 주식시장을 분석할 때 상장사 영업이익도 전체 영업이익과 반도체를 제외한 영업이익을 나누어서 분석해야 한다. 코스피의 밸류에이션을 볼 때도 삼성전자와 SK하이닉스를 제외하고 보는 것이 시장에 대한 왜곡을 줄이는 방법이다.

2020년 코스피가 역사적 고점인 3,300선을 돌파했을 때는 반도체주뿐만 아니라 BBIG(배터리, 바이오, 인터넷, 게임) 관련주가 시장을 주도한 바 있다. 하지만 향후 코스피가 다시 한 번 3,000을 뚫고 역사적 고점에 근접하려면 현재의 산업군에서 반도체 외에는 대안이 없는 것이 현실이다.

또한 반도체 수출 규모에 따라 환율도 요동친다. 반도체 판매는 거의 100% 미국 달러로 이루어지기에 반도체 수출이 잘되면 달러 유입이 늘어난다. 유입이 늘면 달러 대비 원화 강세 현상이 일어나고 거꾸로 반도체 판매가 저조할 때는 원화 약세 현상이 일어난다.

하지만 시장의 기대와 달리 반도체 투자 규모가 한국 경제에 미치는 영향은 미미하다. 투자의 대부분이 장비 투자이고 장비의 주요 공급 업체가 해외 업체이기에 반도체 회사가 투자 규모를 키운다고 해도 고용 창출이나 소비 증가율 등에 미치는 영향은 제한적이다.

반도체 회사의 비즈니스 모델

반도체 사이클에 대해 논의하기 전에 독자의 이해를 돕기 위해 가장 기본적인 반도체 회사들의 비즈니스 모델을 설명하고자 한다. 반도체 회사는 크게 세 가지 유형으로 나뉜다.

1) 종합 반도체 회사IDM, Integrated Device Manufacturer
2) 팹리스Fabless 혹은 디자인 하우스IC design house
3) 파운드리Foundry

첫 번째 종합 반도체 회사는 반도체 설계부터 시작해 웨이퍼(반도체를 만드는 토대가 되는 얇은 판) 생산까지 모든 과정을 담당하는 수직계열화를 기반으로 하는 회사이다. 종합 반도체 회사로는 삼성전자와 SK하이닉스, 미국의 마이크론과 같은 메모리 회사와 중앙처리장치CPU를 만드는 인텔이 있다.

두 번째 팹리스는 반도체 설계를 전문적으로 하고 생산은 외주를 통해 하지만 생산된 칩의 소유권이나 영업권을 가지는 회사이다. 말 그대로 웨이퍼 제조 공장(Fabrication facility, 줄여서 Fab)이 없기에 팹리스라고 부른다. 생산설비는 없지만 우수한 칩 설계 기술을 가진 대부분의 반도체 회사(애플, 엔비디아, 퀄컴, AMD, 브로드컴, 미디어텍 등)가 여기에 속한다.

마지막으로 파운드리는 팹리스로부터 위탁받아 대규모 자본이 드는 생산시설과 생산기술을 바탕으로 반도체 칩을 제조하는 회사로, 판매는 고객사 즉 팹리스가 한다. 여기에 해당하는 회사는 대만의 TSMC와 UMC, 삼성전자 파운드리 사업부, 글로벌파운드리 등이다.

반도체 특성상 소품종 대량생산을 하는 메모리 반도체는 종합 반도체 회사에 가장 적합한 비즈니스 모델이다. 반면에 반도체의 대부분을 차지하는 비메모리 반도체는 팹리스+파운드리 비즈니스 모델이 대부분이다. 다품종 소량생산이기에 설계와 생산을 분리하는 것이 더 효율적인 사업 모델이 되기 때문이다.

사람들은 보통 삼성전자와 SK하이닉스를 모든 반도체를 만드는 회사라고 생각하는데 엄밀히 얘기하면 한국 반도체 회사는 메모리 반도체 회사이다. 메모리 반도체는 전체 반도체 가운데 10% 중반에서 20% 정도를 차지할 뿐이고, 전체 시장의 대부분은 비메모리 제품이다.

메모리 반도체로는 가장 시장이 큰 디램과 낸드플래시 외에 노어플래시, 에스램 등 응용처별로 다양한 제품이 존재한다.

전 세계 20위까지 반도체 기업을 순위별로 살펴보면 총 20개 회사 중

디램(DRAM, Dynamic Random Access Memory)

일반적으로 컴퓨터 및 전자제품의 데이터를 저장하는 기능을 하는 반도체이다. 컴퓨터의 두뇌 역할을 하는 CPU가 연산 작업을 할 때는 데이터를 빨리 쓰고 지우는 고속 메모리가 필요한데 이것이 바로 디램이다. 디램은 CPU보다 100배 정도 느리지만 낸드플래시보다는 1만 배 빠르다. 그러나 디램은 낸드와 달리 전원이 꺼지면 데이터가 완전히 사라져버리는 것이 단점이다. 디램은 1970년에 인텔이 개발했다.

낸드플래시(NAND Flash)

전원이 꺼지면 저장된 자료가 사라지는 디램과 달리 전원이 없는 상태에서도 데이터가 계속 저장되는 플래시 메모리를 말한다. 데이터 저장이 필요한 온갖 전자제품에 다 들어간다. 작고 가벼우면서도 자기 매체나 광학 매체에 비해 기계적인 충격에도 강하고, 직사광선, 고온, 습기에도 강하다. 1984년 일본 도시바가 개발했다.

노어플래시(NOR Flash)

신뢰성이 높고 랜덤 액세스가 빠르기 때문에 휴대기기용 프로그램의 기억장치로 널리 쓰인다. 주로 데이터 보존과 운반에 쓰이는 낸드와 달리 읽기 속도가 100ns에 달해 고속 랜덤 액세스가 가능하다. 다만 고집적화가 어렵고 데이터를 읽고 쓰는 데 많은 전류가 필요하다는 단점이 있다.

에스램(SRAM, Static RAM)

에스램은 전원이 차단될 경우 저장된 데이터가 소멸하는 휘발성 기억 소자이지만, 전원이 공급되는 한 데이터가 보존되기 때문에 디램과 달리 리프레시가 필요 없다. 에스램은 여러 개의 트랜지스터가 하나의 셀을 구성하기 때문에 데이터를 이동시키는 통로가 많아 디램보다 데이터 처리 속도가 빠르다. 하지만 데이터를 저장하는 셀의 크기가 커 동일 면적에 대한 집적도가 낮고 회로 구조가 복잡해 대용량으로 만들기 어렵다. 이러한 특징들로 인해 빠른 속도의 CPU와 연동되는 캐시 메모리나 그래픽카드 등 주로 소용량의 메모리로 사용된다.

13개가 미국 회사이고, 나머지는 네덜란드 회사 1개, 한국 회사 2개, 대만 회사 2개, 일본 회사 1개, 영국 회사 1개로 구성되어 있다.

미국 회사는 대부분 팹리스와 장비 회사이고, 아시아 회사는 대부분 반도체 칩 생산을 주로 하는 종합 반도체 회사와 파운드리다.

전세계 탑 20 반도체 기업
(24년 10월 10일 기준)

순위	회사명	시가총액(10억 US$)	국적
1	엔비디아(NVDA)	3,306	미국
2	TSMC	963	대만
3	브로드컴(AVGO)	867	미국
4	ASML	328	네덜란드
5	삼성전자	294	한국
6	AMD	266	미국
7	퀄컴(QCOM)	188	미국
8	텍사스인스트루먼트 (TXN)	185	미국
9	어플라이드머티어리얼즈(AMAT)	168	미국
10	암홀딩스(ARM)	157	영국
11	마이크론(MU)	117	미국
12	애널로그디바이시스(ADI)	114	미국
13	KLA(KLAC)	107	미국
14	램리서치(LRCX)	106	미국
15	인텔 (INTC)	99	미국
16	SK하이닉스	94	한국

17	시놉시스(SNPS)	82	미국
18	도쿄일렉트론(TEL)	80	일본
19	미디어텍	64	대만
20	마벨테크놀로지(MRVL)	63	미국

(출처: 인베스팅닷컴)

반도체 산업의 히스토리:
반도체의 시작과 현재, 미래에 대한 간단한 이해

PC, 스마트폰, 그리고 서버

반도체의 역사를 얘기할 때 마이크로프로세서를 최초로 개발한 인텔을 빼놓을 수 없다. 인텔은 과거 PC 시대에 절대 강자로 군림하며 전 세계 반도체 시장에서 선두 지위를 유지했으나 두 차례의 큰 트렌드 변화에 적응하지 못했다.

첫 번째 트렌드는 2010년부터 IT 기기의 중심이 PC에서 모바일로 이동한 것이다. 인텔은 x86라는 아키텍처를 기반으로 성능 위주의 칩 설계에 강점이 있었는데, 저전력이 요구되는 모바일 시장에 적응하지 못한 것이 선두 자리를 내준 가장 큰 이유였다.

두 번째 트렌드는 2020년 인공지능AI, Artificial Intelligence과 자율주행차 등 신사업과 관련된 반도체 시장이 급성장한 일이다. 이 시기에도 인텔은 인공지능 트렌드에 동참하지 못했고, 서버 CPU 시장에서마저 AMD에게 시장점유율을 빼앗겼다.

인텔 주가도 2000년 초 고점 대비 현재 75% 떨어진 수준으로 거래되고 있다. 한편 과거에 저가 CPU 기업으로 평가되었던 AMD는 현재 인텔 대비 시장가치가 2.5배 높고 주가도 지난 5년 동안 5배 이상 상승했다.

모바일 시대에서 절대 강자의 자리는 PC의 CPU처럼 모바일의 두뇌 역할을 하는 스마트폰 중앙처리장치AP, Application processor를 생산하는 퀄컴과 자체 AP를 생산하는 애플, 그리고 중저가 AP에 강한 미디어텍이 차지했다.

퀄컴과 미디어텍도 스마트폰 시장 확대와 IoT 기기의 확장 덕분에 매출과 이익이 지속적으로 성장했으나 스마트폰 시장의 성장세가 둔화됨에 따라 현재 매출과 이익 성장도 정체된 모습을 보여주고 있다. 주가 역시 고점 대비 20~30%가량 하락한 상태이다.

최근에는 인공지능 기반의 고성능 서버 시장이 확대됨에 따라 그래픽처리장치GPU, Graphic Processing Unit 시장이 급성장하면서 새로운 강자로 엔비디아가 등장했다. 엔비디아는 게임 및 PC용 그래픽카드를 생산하던 업체였는데, 인공지능과 고성능컴퓨팅HPC, High Performance Computing에 사용되는 GPU를 통해 데이터센터 솔루션을 제공하는 업체로 변신하면서 폭발적인 매출 성장과 이익을 얻게 되었다. 전 세계 대형주 중에서 단기간에 가장 많이 오른 주식이 바로 엔비디아의 주식이다.

따라서 반도체 시장의 성장은 반도체를 필요로 하는 기기Device의 성장과 맞물려 있다. 과거 소비재 제품 위주로 시장의 수요가 발생한 데 비해 향후에는 기업향 수요가 주를 이루리라고 예상한다. 50%가 넘는 소비재 제품(모바일, PC, 컨슈머)에서 자동차, 서버 등 기업용 수요가 성장의 축을 형성할 것이고 성장률도 네트워크를 제외하고 향후 두 자리 숫자

반도체 응용처별 비중 및 연평균 성장률

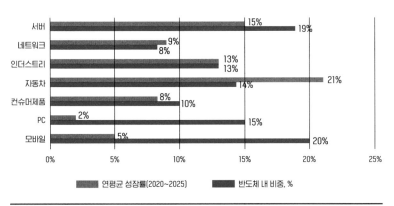

서버 15% 19%
네트워크 9% 8%
인더스트리 13% 13%
자동차 14% 21%
컨슈머제품 8% 10%
PC 2% 15%
모바일 5% 20%

0% 5% 10% 15% 20% 25%

■ 연평균 성장률(2020~2025)   ■ 반도체 내 비중, %

[출처: Trendforce]

의 성장률을 기록할 것으로 보인다.

지난 30년 가까이 주식시장을 분석하면서 내린 결론이 있다. 새로운 시장이 열렸을 때 기존의 강자가 새로운 시장에서도 강자가 되는 경우는 거의 없다는 사실이다. 앞에서 말한 반도체 시장을 주도하는 패권자의 자리가 인텔에서 퀄컴, 그리고 엔비디아로 넘어온 일 말고도 여러 사례가 있다.

피처폰 시대의 최강자였던 노키아는 스마트폰 시장이 열리면서 삼성과 애플에 주도권을 빼앗겼고, 브라운관 TV에서 평판 TV(PDP, LCD)로 넘어오면서 소니는 삼성전자에 1위 자리를 내주었다. 전기차 시장으로 넘어오면서 기존의 세계 1위 자동차 회사 도요타는 현재 전기차 시장에서는 10위 안에도 못 드는 반면, 자동차를 만든 지 15년밖에 안 된 테슬라는 전 세계에서 시장가치가 가장 큰 자동차 회사가 되었다.

이런 트렌드는 IT 산업뿐만 아니라 일상생활에서도 쉽게 볼 수 있다. 유통 트렌드가 오프라인에서 온라인으로 바뀌면서 기존의 강자인 이마트와 롯데쇼핑이 쇠퇴하고 쿠팡과 네이버 같은 이커머스e-Commerce 회사가 주도권을 가지게 되었다.

또한 콘텐츠를 장악했던 지상파와 케이블 TV 회사들이 전처럼 힘을 못 쓰고 이제 넷플릭스와 유튜브가 시장을 석권하고 있다. 영화도 과거에는 극장에 줄을 서서 표를 구해 봤던 것과 달리 이제는 집에서 OTT로 시청하는 것이 일상화되었다.

광고업계에서도 한국 진출 10년 만에 '게임 체인저'가 된 유튜브와 넷플릭스 등 스트리밍 플랫폼 서비스로 인해 동영상 소비 패턴의 혁신적인 변화가 일어났다. 이러한 변화로 수십 년간 한국 방송업계를 지배했던 기존의 지상파 방송사들은 사용자 이탈로 방송 광고 매출의 상당 부분을 동영상 플랫폼에 빼앗기고 매체 파워를 잃어가는 엄혹한 현실과 마주해 있다.

빠르게 성장하는 새로운 시장 상황에서 기존의 선두 업체들이 본래의 비즈니스를 버리고 새로운 시장에 맞추어 신제품을 생산하거나 서비스를 제공하기 위해 변신을 꾀하려면 많은 시간과 노력을 들여야 한다. 반면에 새로운 업체들은 과거의 사업 방식, 조직 구조, 문화를 건드려야 하는 부담 없이 새로운 제품 생산과 서비스에 총력을 기울일 수 있다. 그것이 그들이 시장에서 앞서 나가는 주 이유다.

따라서 주식 투자자 입장에서도 새로운 시장이 열리면 기존의 선두 업체가 안고 있는 위험 요소를 파악할 필요가 있다. 반도체 분야에서는 과거 PC 시장의 최강자였던 인텔과 모바일 시장의 강자인 퀄컴, 미디어텍 등이 레거시(최첨단 공정이 아닌 고전적인 제조 방식으로 만든 제품의 통칭) 업체라고 할 수 있다.

　전체 반도체 시장에서 사이클(호황과 불황의 정도)의 변동성이 가장 큰 게 메모리 반도체 분야이고, 메모리 반도체 업황이 전체 반도체 시장의 선행지표이기 때문에 메모리 반도체에 대해 중점적으로 다루고자 한다.

메모리 반도체(메모리)의 히스토리

메모리 반도체의 역사는 1995년부터 시작되었다고 볼 수 있다. 그 전에

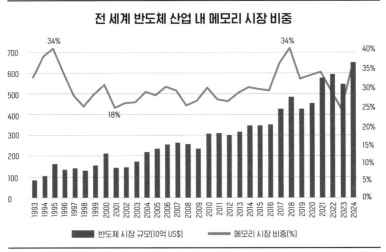

전 세계 반도체 산업 내 메모리 시장 비중

[출처: WSTS]

도 메모리 시장은 존재했지만 1995년은 메모리 시장이 역사상 최고의 호황기를 누린 해로 첫 번째 슈퍼사이클이었다. 1995년 메모리 시장은 500억 달러(디램만 410억 달러)를 기록해 전체 반도체 시장의 3분의 1을 차지했다.

1994년 디램 시장은 그 전년도 대비 78% 성장했고 1995년에 다시 74% 성장해 1993년 대비 2년 만에 2배 이상 성장한 규모였다. 그 후 2014년까지 거의 20년 동안 단 한 차례도 그 규모를 넘지 못했다. 당시 메모리 시장은 올림픽 사이클이라고 불렸는데 4년 주기로 3년의 호황 upturn과 1년의 불황downturn이 주기적으로 반복되었기 때문이다.

디램 시장 규모 추이

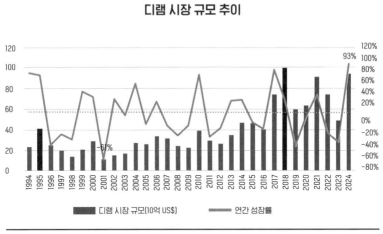

[출처: WSTS]

1992년부터 1994년까지 3년간 반도체 호황이 이어진 끝에 반도체 회사들은 대부분 1995년에는 시장이 하락기로 접어들 것이라고 예상하고 투자 규모를 조절했다.

그런데 1995년 고베 대지진이 일어나 일본 반도체 회사 공장 라인이 중단되는 사태가 생기면서 공급에 차질이 빚어졌다. 참고로 1995년에는 일본 메모리 반도체 회사 규모가 한국보다 컸다.

또한 마이크로소프트가 '윈도우95'라는 매우 혁신적인 운영체제를 출시하면서 새로운 수요가 발생했다. 마이크로소프트가 기존의 도스 DOS라고 하는 명령줄 인터페이스 대신 그래픽 사용자 인터페이스GUI, Graphical User Interface를 제공하면서 1995년 PC 시장이 급성장했을 뿐 아니라 기기당 메모리 탑재량도 획기적으로 커졌다. 공급량 감소와 폭발적인 수요 증가로 인해 1995년은 메모리 시장이 역사상 가장 좋았던 한 해로 기록됐다.

위에서 설명한 이유들로 인한 공급 부족으로 1995년도에는 메모리 반도체 가격이 폭등했고 26개에 이르는 디램 회사는 호황기에 벌어들인 엄청난 이익을 바탕으로 공격적인 투자를 감행했다. 경쟁적으로 이루어진 이러한 생산시설 확장이 1996년부터 시작되는 가격 폭락의 원인이 되었다. 그 후 메모리 역사상 가장 힘들고 긴 불황의 터널을 겪게 된다.

1998년은 정말 메모리 반도체 역사상 최악의 한 해였다. 공급 과잉 탓에 1996년 디램 가격은 전년 대비 66% 하락했다. 1997년과 1998년에도 전년 대비 각각 60%, 63%가 하락하는 폭락세가 이어졌다. 다시 말하면 100달러 가던 메모리 반도체 가격이 3년 만에 95%가 떨어져서 5달러에 팔렸다는 뜻이다. 디램 시장도 1995년 410억 달러 규모에서 1998년도에는 140억 달러 규모로 떨어져서 1995년도 대비 3분의 1 수준이었다.

반도체 산업 특성상 고정비(감가상각비)가 높아서 늘 100% 가동률을 유지했는데, 1998년 추석 연휴를 맞이해 당시 한국의 반도체 3사(삼성전자, 현대전자, LG반도체)는 재고 소진을 위해 연휴 기간 동안 가동률을 급격하게 낮추기로 합의했다. 하지만 내가 직접 경험한 사실을 바탕으로 말하자면 현대전자는 가동률을 낮추지 않았다. 회사는 공장을 100% 가동하면 회계상의 적자 규모는 더 키우게 될지라도 현금 흐름 측면에는 플러스 요인이 있다고 판단했다. 그런 이유로 외부에는 가동률을 낮춘다고 해놓고 실제로는 평소와 같이 100% 가동률을 유지했다. 개인적으로는 다른 두 업체(삼성전자, LG반도체)도 비슷하지 않았을까 생각한다.

역사상 최악의 불황은 공급의 조정보다는 갑작스러운 수요 증가로 반도체 시장이 급격히 회복되며 해소되었다. 1999년부터 시작된 닷컴 붐과 더불어 'Y2K'로 인해 수요가 폭증한 것이다.

당시 1999년에서 2000년으로 넘어가는 순간 컴퓨터가 오작동하면서 대재앙이 닥칠 수 있다는 예상이 팽배했는데, 개인 컴퓨터뿐 아니라 정부 기관의 컴퓨터에도 문제가 생겨 핵무기가 발사되고, 발전소가 마비되고, 교통 시스템이 붕괴할 거라는 등의 다양한 시나리오가 등장했다.

이는 초창기 컴퓨터 프로그램에서 메모리 공간을 아끼기 위해 연도의 표시를 '1999'와 같은 4자리가 아닌 '99'와 같이 2자리로 입력, 표기하는 것이 관행처럼 자리잡았기 때문이다. 그런데 2000년이 되어 컴퓨터의 연도가 '00'으로 표기될 경우, 프로그램에서는 이를 1900년으로 잘못 인식, 해당 컴퓨터로 통제되는 발전소가 정지하거나 의료 기기가 오작동하는 등 심각한 문제가 발생할지도 모른다는 경고의 목소리가 세기말 종말의 예언처럼 울려 퍼졌다.

이 때문에 1990년대 말 전 세계적으로 PC 및 운영체제, 응용프로그램 등의 교체 및 수정 작업을 하는 붐이 일었고 엄청난 PC 교체 수요가 일어났다. 덕분에 메모리 반도체 수요도 급격하게 회복되었다.

당시 전 세계 주식시장, 특히 IT중심의 나스닥과 한국의 코스닥은 황금기였다. 하지만 이런 상황도 오래가지는 못했다. 나스닥은 2000년 3월부터 2002년 10월까지 고점 대비 78% 하락하면서 나스닥 역사상 가장

나스닥 지수 추이
(2000년 1월~ 2002년 12월)

[출처: 인베스팅닷컴]

큰 하락폭을 기록했다. 코스닥도 2000년 3월을 정점으로 2000년 마지막 날에는 5분의 1토막, 즉 80% 하락했고 아직까지 그때 수준을 회복 못 하고 있다.

그때 가장 유명했던 주식 중 하나가 새롬기술로, 다이얼패드를 개발해 인터넷 무료 전화를 출시한 회사였다. 당시만 해도 국제전화는 통화료가 매우 비쌌는데, 이를 무료로 쓰게 한다니 시장의 기대감은 하늘 높은 줄 모르고 치솟았다. 새롬기술은 IT 관련 주식투자 광풍이 불던 '닷컴 버블' 무렵인 1999년 8월에 2,300원에 코스닥에 상장되었는데, 상장 후 주가가 연일 상한가를 치면서 2000년 5월 초엔 30만원을 찍었다.

한때 새롬기술 시가총액이 삼성전자보다 높기도 했다. 불과 반년여 사이에 주가가 150배 급등했고, 이 주식은 지금까지 한국 주식 역사상 최단 기간 최고 상승률을 기록한 주식으로 남아 있다.

한국 주식시장, 특히 코스닥 시장은 역사상 최고의 황금기를 누렸고, 나스닥에 상장된 기술주들의 급등과 더불어 유동성이 넘쳐나던 시대였다. 특히 한국은 IMF 외환위기 당시 주식시장이 크게 빠졌던 터라 이를 타개하기 위해 당시 정부는 '벤처기업 육성 정책'을 펼치며 금리도 낮춰주고 자금 지원에 힘썼다. 당시 '바이 코리아Buy Korea 펀드' 같은 애국 펀드들이 잇달아 등장하면서 투자 자금도 넘쳐났다.

하지만 새롬기술의 주가는 오래가지 못했다. 이 사업의 수익성이 기대만큼 높지 못했고, 통화 품질이 너무 열악했던 데다 경영권 분쟁 및 분식 회계 수사로 위기를 맞았다. 엎친 데 덮친 격으로 닷컴 버블 붕괴가 겹치면서 2000년 말부터 주가가 곤두박질치더니 5,000원대로 회귀했다. 당시 회사 이름에 '테크(기술)'라는 단어만 붙이면 상한가를 쳐서 상장된 회사들이 앞다투어 회사 이름에 '테크'를 붙이는 것이 유행이었다.

최근 인공지능과 반도체 광풍으로 인해 반도체 주식, 특히 인공지능 관련 주식이 연일 최고가를 경신하자 현재 주식시장 상황을 과거 닷컴 버블 붕괴 때와 비교하면서 걱정하는 목소리가 높다. 그렇지만 내가 생각하기에 그때와는 다르다고 본다. 그때는 회사에 대한 분석도 제대로 하지 않았고 정보의 비대칭성도 높았다.

닷컴 버블에 편승한 많은 회사가 수년 안에 이익을 낼 수 없는 사업 모델BM, Business Model을 가지고 있었다. 따라서 시장에서 주식에 대한 밸류에이션Valuation(애널리스트가 현재 기업의 가치를 판단해 적정 주가를 산정하는 과정)을 할 때도 이익이 아니라 성장성에만 초점을 두고 매출의 몇 배식으로 밸류에이션을 했다. 즉 주가매출비율PSR, Price Sales Ratio을 이용했고 매출이 발생하지 않거나 매출 규모가 작아서 매출로 밸류에이션을 할 수 없는 경우 현금흐름할인법DCF, Discounted Cash Flow을 이용해 엄청난 성장률을 가정하고 향후 몇십 년의 현금 흐름을 기준으로 현재 주가를 합리화했다.

현금흐름할인법의 가장 중요한 변수인 잔존가치Terminal Value가 분석가의 주관적 판단에 따라 좌우되기 때문에 당시에 현금흐름할인법을 사용해 많은 IT기업의 가치를 부풀렸다. 또한 기업의 본질보다는 회사 이름이나 아니면 계획하고 있는 사업 등 불확실한 정보에만 기대어 '묻지마' 투자를 했다.

오른쪽에 주가매출비율과 현금흐름할인법의 장단점을 기술했는데,

현재 많이 사용되는 밸류에이션 방법은 아니다.

주가매출비율 vs. 현금흐름할인법		
	주가매출비율	현금흐름할인법
정의	주가를 주당 매출액으로 나눈 것으로 기업의 성장성에 주안점을 둠.	미래에 창출할 것으로 예상되는 현금흐름을 현재 가치로 할인해 계산함.
장점	성장성을 판단할 수 있고 회계 조작에 따른 이익의 변수를 배제하고 계산식이 간단함.	기업의 내재가치를 외부 변수와 상관없이 계산할 수 있고, 잉여현금을 기준으로 회사 본질의 가치를 판단함.
단점	주가를 오직 매출만 보고 판단하는 지표이기에 재무 구조와 이익을 고려 안 하는 상황이라 장기 투자에 적합한 밸류에이션 방법은 아님.	너무 많은 변수들을 가정해야 하고 변수에 따라 가치가 천차만별이기 때문에 현금흐름추정, 할인율 결정 등에 분석가의 주관적 판단이 개입됨.

최근 인공지능 열풍으로 인해 가장 많이 오른 엔비디아나 AMD 같은 AI 반도체 회사나 전기차의 개척자인 테슬라 같은 회사도 단순히 외형 성장만 강조하는 매출 기준의 밸류에이션보다는 이익이나 순현금흐름 기준 밸류에이션으로 주식시장에서 기업의 가치를 평가한다.

즉 회사의 사업 방향에 대한 기대가 있고 장기적인 성장이 어느 정도 보장된다 해도, 주식시장에서는 앞으로 이 주식이 더 오를지 여부를 향후 몇 년 동안의 회사의 수익 모델에 근거해 평가한다. 따라서 외형적인 성장뿐 아니라 수익성을 기반으로 주식의 밸류에이션을 한다.

또한 요즘은 과거처럼 모든 시장 참여자가 한 방향으로 목소리를 내지 않는다. 향후 위험 요소를 부각하는 목소리도 있고 몇몇 시장 참여자들은 현재 주가가 과대평가되었다고 경고하기도 한다. 따라서 시장에서 객관적인 판단을 할 수 있는 근거가 충분하다.

닷컴 버블 시기에 IT 회사들은 앞다투어 유상증자를 했다. 게다가 지금은 상상할 수도 없는 일이지만 유상증자 발표가 나면 그 발표를 호재로 받아들여 주가가 급등하는 기현상도 일어났다. 그 시절엔 회사의 성장을 최우선시해서 회사가 이익을 내는 것보다 회사가 투자를 해서 시장점유율을 높이는 것이 더 중요하다고 여겼다. 그래서 성장이 보장된 회사의 주식을 싸게 살 수 있다는 생각에서 앞다투어 유상증자에 참여했다.

하지만 지금은 정보의 비대칭성을 말하기엔 너무나 많은 정보에 누구나 언제든지 접근할 수 있는 시대다. 닷컴 버블 시절처럼 회사 이름에 '테크'가 붙었다고 관련 회사 주식에 묻지마 투자를 하는 분위기도 아니다. 같은 산업 내에서도 선별적으로 주가가 움직이고 회사들의 이익을 기준으로 적합한 기업 가치 산정을 하고 있다. 물론 현재와 같은 주가 흐름을 계속 유지하기는 힘들겠지만 과거 닷컴 버블이 꺼질 때 일어났던 주식시장의 폭락이 재현될 것 같지는 않다.

IT 버블이 꺼지면서 2001년에 디램 가격이 90% 폭락하는 바람에, 디램 시장 규모도 2000년 290억 달러에서 60% 이상 빠진 110억 달러를 기록했다. 디램 시장 규모가 최악이었던 1998년의 140억 달러보다 낮은 수준으로 돌아간 것이다.

2001년 바닥을 찍은 디램 시장은 어느 정도 회복되었지만 삼성전자를 제외한 다른 디램 회사는 모두 3년 연속 손실을 기록했고 2004년에 들어와서야 이익을 내게 되었다. 2004년에 디램 시장은 전년도 대비 60% 이상 성장했는데, 시장이 회복된 데는 다음과 같은 요인이 있다.

디램 가격이 하락한 덕분에 PC당 메모리 사용량이 커지면서 수요가 늘기도 했지만 그보다 기존의 디램 회사들이 디램 생산설비를 낸드 생산 설비로 전환하면서 디램 캐퍼가 줄어들어 공급 제한이 이루어졌기 때문 이다.

그때를 기점으로 디램 중심의 메모리 시장에 디지털카메라, USB, 휴대폰 등에 들어가는 낸드 수요가 폭발적으로 증가하면서 메모리 시장은 디램+낸드로 재편되었다.

디램/낸드 매출 비중 및 낸드 비중

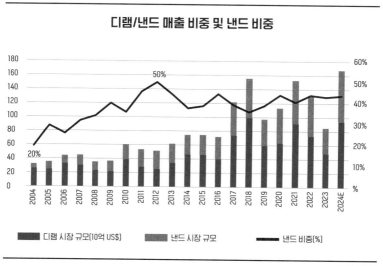

[출처: WSTS]

이후 낸드 시장의 확대와 더불어 디램 생산설비를 낸드 생산설비로 전환해 공급 증가를 제한한 조치 덕분에 메모리 시장은 2007년 상반기 까지 견고한 성장을 이어갔다. 그러다 2007년 말부터 시작된 금융위기로 인해 메모리 시장은 다시 한번 불황을 겪었다.

하지만 2010년 스마트폰 시장 확대로 모바일 수요가 증가함에 따라 메모리 시장이 회복되고 또 다른 상승장이 시작되었다. 글로벌 금융위기 이후 2010년부터 공급업체 간 통합Industry consolidation이 일어나면서 결국 디램에서는 3개 업체, 즉 삼성전자, SK하이닉스, 마이크론만 살아남았다. 살아남은 3사는 PC와 모바일 수요가 둔화되자 2010년 이후부터 투자를 보수적으로 유지했다. 그 결과 2013년부터 2015년까지 반도체 호황기와 더불어 2018년에는 모든 디램 회사가 역대 최고 실적을 달성했다.

그런데 2018년에 모든 메모리 반도체 회사가 데이터센터 고객의 메모리 수요를 과신하고 PC, 모바일에 이어 서버향으로 전개되는 새로운 사이클이 도래한다고 생각해 생산시설을 확대하는 데 공격적으로 투자했다. 하지만 데이터센터 수요가 줄어들어 이중 구매였던 수요의 캔슬이 일어나면서 다시 한번 메모리 시장의 불황이 시작됐다.

참고로 메모리 반도체는 공급 부족이 발생하면 종종 이중 구매가 일어난다. 가격 변동성이 높은 탓에 고객이 일단 물량을 확보하고 추가 가격 상승에 따른 위험을 최소화하고자 필요 이상의 메모리 제품을 주문하기 때문이다. 예를 들어 고객이 메모리 반도체 70개가 필요한데, 공급 부족이라 주문량의 70%밖에 확보할 수 없는 상황이라면 100개를 주문해 70개를 현재 가격에 확보하는 것이다. 따라서 메모리 회사는 실수요가 100개라고 체감하게 되지만 그중 30개는 가수요인 셈이다. 그 후 수요가 감소해 고객이 주문량을 50개로 줄이면 메모리 회사가 체감하는 수요 감소는 100개에서 50개로, 반으로 줄어드는 셈이다.

디램 시장 사상 최고의 한 해였던 2018년이 지나가고 2019년에는 디램 시장 규모가 전년 대비 40% 하락했다. 또한 전체 반도체 시장도 메모리 반도체 시장의 불황으로 인해 전년 대비 12% 하락해 닷컴 버블이 있었던 2001년 이래 최대 하락률을 기록했다.

2019년 짧은 불황을 겪고 2020년 코로나 팬데믹이 야기한 공급망 이슈와 더불어 재택근무, 온라인 교육의 시행으로 인해 PC 및 태블릿 수요가 폭증한 까닭에 코로나 초기인 2021년 메모리 반도체 가격은 다시 급등했다. 하지만 공급망 이슈가 해결되고 코로나가 가라앉으면서 IT에 대한 수요가 급감함에 따라 시장에 메모리 반도체 재고는 사상 최고 수준으로 증가했다. 그리하여 2023년 다시 한번 메모리 반도체 업계에 최악의 불황이 닥쳐왔다.

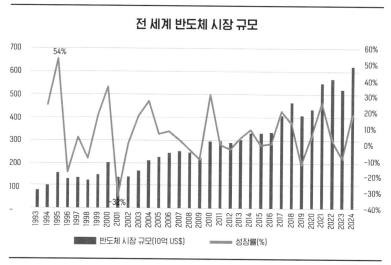

전 세계 반도체 시장 규모

반도체 시장 규모[10억 US$]   성장률[%]

[출처: WSTS]

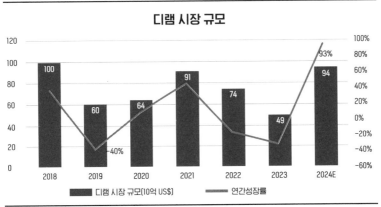

디램 시장 규모

[출처: WSTS]

수요가 부진한 상황에서 2022년부터 2023년 상반기까지 메모리 업체들은 자율적으로 감산에 동참함으로써 시장 재고 소진을 통한 메모리 가격 안정화를 도모했다. 따라서 2024년에는 2022년과 2023년 2년에 걸친 하락기가 끝나고 2018년 이후 역사상 두 번째로 좋은 메모리 시장의 호황이 올 것이라고 예상한다.

2

한국 반도체의
게임 체인저

한국 반도체의 시작 :
삼성전자와 현대전자, LG반도체 등의 이야기

지금은 한국이 압도적인 위치를 차지하고 있는 디램의 역사는 1970년대부터 시작됐다. 1970년대에는 미국 회사가 디램 시장을 주도했는데, 현재 CPU 시장에서 전 세계 1위인 인텔이 텍사스인스트루먼트, 모토롤라 등과 함께 디램 시장을 제패했다. 1980년대에는 도시바, NEC, 후지쯔, 히타치 등의 일본 회사가 디램 산업을 장악했다. 1990년대에 들어와서는 한국 회사인 삼성전자, 현대전자, LG반도체가 시장의 주도권을 갖게 되었다.

대만에는 윈본드, 이노테라, 프로모스, 렉스칩, 파워칩 등 중소 디램 업체가 많이 있었지만 대부분 미국 마이크론Micron Technology에 인수되거나 폐업 절차를 거쳤다. 프로모스가 처음으로 2012년에 상장 폐지됐고, 2012년에 렉스칩도 마이크론에 인수됐다. 2013년에는 파워칩이 디램 사업에서 손을 떼고 파운드리로 전환했으며, 2016년 이노테라도 마이크론에 인수되있다. 그 후 NEC와 히타치의 메모리 사업 부문이 분사 후 합병해 만들어진 엘피다도 2012년 2월에 법정관리 신청 후 2012년 7월에 마이크론에 인수되었다.

유럽의 반도체 회사인 인피니언에서 분사한 키몬다는 2009년에 파산 신청을 하고 역사 속에서 사라지고 만다. 그 후 난야테크Nanya Tech를 비롯한 대만의 중소 디램 업체들이 아직 레거시 디램(오래된 디램 제품)을 생산하고 있지만 시장점유율은 2% 내외에 불과하다. 그래서 결국 디램 시장은 삼성전자, SK하이닉스, 마이크론 3개 업체가 독과점하게 되었다.

디램 3사 기술 협정 및 합병 과정

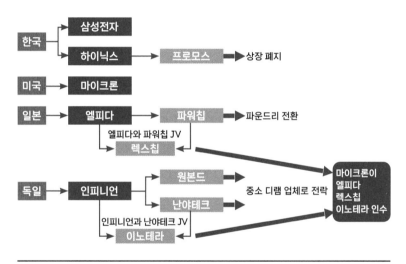

(출처: 회사 자료)

한국이 메모리 반도체 분야에서 성공할 수 있었던 비결은 대주주인 오너 중심의 대기업 문화에 있다. 메모리 반도체는 특성상 대규모 투자가 필요하고 투자로 인한 수익을 회수하는 데는 긴 시간이 걸린다. 반도체 사이클에 따라 수익 회수에 짧게는 5년, 길게는 10년이 넘게 걸리기도 하고 결국 수익을 못 내는 경우도 있다. 따라서 이사회 중심으로 의사 결정이 이루어지는 미국과 일본 회사들은 기업 문화상 빠르고 과감하게 투자를 진행하기 어렵다. 또한 메모리 사이클을 감안하면, 투자 이후 단기간 안에 수익을 내야 하는 전문 CEO 입장에서 자기 임기 내에 성과를 낼 수 있을지 없을지 모를 대규모 투자 결정을 하기에는 너무 큰 리스크를 짊어져야 한다.

마이크론은 전문 경영인 체제였지만 스티브 애플턴Steve Appleton이라는 전설적인 인물이 20년 동안 회사를 맡았기에 과감한 의사 결정을 내리고 공격적으로 회사를 운영할 수 있었다.

반면 한국 반도체 회사인 삼성, 현대, LG그룹은 모두 오너 중심의 기업 경영이었다. 오너는 대주주로서 회장비서실이나 구조조정본부 주도하에 회사의 명운을 가르는 중요한 결정을 내렸는데, 불황에도 과감히 투자할 수 있는 책임 있는 의사 결정이 시장점유율을 높이는 데 기여했다.

또한 제품 특성상 메모리 반도체는 소품종 대량생산이기 때문에 효율성과 '빨리빨리'가 지배하는 한국 문화와 잘 맞을 뿐 아니라, 주입식 교육을 받은 한국인의 특성과 정형화된 제품을 빨리 많이 생산하는 방식이 잘 맞아떨어진 것 같다.

주문자에 맞는 다양한 제품Customized products을 소량으로 생산하는 하는 비메모리 반도체와 다르게 메모리 반도체는 프린트하듯이 같은 제품을 되도록 많이 생산해 원가를 낮추는 것이 경쟁력의 핵심 요소다. 공장을 24시간 가동하고 생산 효율성을 극대화하는 것은 한국 사람들이 잘하는 일이고, 공장 라인에 문제가 생기면 밤을 새워서라도 문제점을 해결하는 게 한국의 기업 문화이다. 이런 복합적인 요소로 인해 한국은 메모리 분야에서 선두를 유지하는 데 최적화되어 있다.

지난 수십 년 동안 메모리 반도체 회사들이 펼친 전략은 비슷했다. 대규모 투자를 통해 시장점유율을 확대하고 규모의 경제를 통해 원가절감을 하는 전략이었다. 하지만 두 번의 슈퍼사이클을 지나고 삼성전자와 SK하이닉스는 다른 길을 걷게 되었다.

삼성전자는 기존의 시장 확대 전략에서 벗어나 시장점유율을 확대하기보다는 유지하려는 기조 아래 보수적인 투자를 진행했다. 그러면서 연구 개발에 대한 투자보다는 수익성에 초점을 둔 비즈니스 모델을 지향했다. 중장기적인 수요에 대한 확신이 없는 상황에서 업계 1위 회사가 무리한 투자를 감행하면 결국 공급 과잉을 초래하고 그 경우 시장점유율이 가장 높은 삼성전자가 가장 큰 피해를 입을 것이라고 판단했기 때문이다.

메모리 분야에서 수십 년간 1위를 한 경험에 바탕을 둔 합리적인 의사결정이었지만, 선행기술에 대한 투자를 등한시한 탓에 신제품 개발에 뒤처져 시장을 선도하는 자리를 내주게 되었다. 그 여파가 결국 1xnm부터 생산 수율(결함이 없는 합격품의 비율)에 영향을 미쳤고 기존의 삼성전자답지 않게 불량 문제로 서버 디램에서 리콜을 당하는 일마저 발생했다. 그 후 차세대 제품인 1ynm, 1znm에서도 기대치보다 수율을 빠르게 향상시키지 못했다.

참고로 1xnm ➡ 1ynm ➡ 1znm는 10nm대의 공정 난이도를 나타내는 기호이다. 단위는 선폭(전자가 흐르는 회로의 폭)을 나타내는데, 예를 들어 삼성전자 1znm는 15nm(nm는 나노미터, 10억 분의 1미터) 디램을 말한다. 선폭이 좁아질수록 반도체 칩 크기가 작아지면서 웨이퍼당 생산량이 증가하고 원가도 감소하게 된다.

삼성전자 반도체 임원과 나눈 인터뷰에서 나온 얘기를 소개해본다. 다들 알듯이 수십 년 동안 삼성전자는 매년 새로운 제품과 기술을 다른 업체들보다 최소한 1년 이상 앞서 선보이며 시장을 이끌어나갔다. 그런데 새로운 기술을 선보이는 데는 엄청난 투자가 소요되고 그 기술 개발에 들어가는 연구개발비까지 감안하면 삼성전자가 다른 메모리 업체를 위한 비용까지 부담한다는 느낌이 들었다고 한다. 나는 개인적으로 이런 상황에서 기술 발전의 속도가 늦춰지면서 후발 업체들이 쫓아올 시간이 생겼다고 판단한다.

삼성전자는 디램 미세화 공정에서 1xnm까지는 SK하이닉스와 마이크론에 1년 정도 앞섰지만, 1ynm에서 SK하이닉스와 거의 비슷한 수준에서 제품 개발을 했고 1anm부터는 SK하이닉스와 마이크론보다 뒤처졌다. 물론 삼성전자 1anm와 SK하이닉스 1anm가 같은 제품은 아니지만 기술 개발의 차이가 줄어드는 것을 충분히 보여주는 자료라고 생각

미세화 공정(Tech migration)

나노미터 단위로 반도체 칩 회로 선폭을 줄여 공정을 미세화하는 작업을 의미한다. 반도체 크기를 줄이면 한 웨이퍼에서 더 많은 칩을 생산할 수 있기 때문에 생산성이 향상되고 칩당 단위 원가가 줄어들게 된다. 미세화가 어려운 이유는 트랜지스터 간 간섭 때문이다. 미세화가 올라갈수록 트랜지스터 간 간격이 좁아져 전류 누설 등 간섭에 의한 불량이 많아지는 것이다.

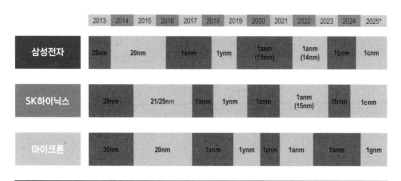

디램 공정 미세화 트렌드

(출처: 회사 자료)

한다.

또한 삼성전자 반도체 사업부 내에서 메모리보다 비메모리, 특히 파운드리에 집중함에 따라 많은 인력과 자원이 파운드리로 이동했으나, 결과는 파운드리에서 TSMC라는 벽을 넘어서지 못하고 수년째 시장점유율이나 고객 확대에서 정체된 상황이다. 특히 최근 HBM 반도체 분야에서는 후발주자로 전락해 SK하이닉스에 뒤처지기도 했다.

HBM 반도체(High Bandwidth Memory)

넓은 대역폭을 지닌 메모리. 여기서 '대역폭'이란 주어진 시간 안에 데이터를 전송하는 속도나 처리량, 즉 데이터 운반 능력을 의미한다. HBM은 메모리 중 데이터를 가장 빠르게 처리하고 전송할 수 있다. HBM은 여러 개의 칩을 쌓은 뒤 수천 개의 구멍(핀)을 뚫는 과정을 거치는데 이런 복잡한 과정을 거쳐서 하나의 반도체로 작동하려면 후공정 단계가 중요하다.

한편 SK하이닉스는 SK그룹에 인수된 후 공격적인 인수합병M&A을 통해 낸드에서 삼성전자와의 차이를 줄이고 시장점유율을 늘리고자 노력했다. SK하이닉스는 그 과정에서 두 차례 인수합병을 진행했다. 첫 번째는 2018년에 키옥시아 인수단에 출자한 일이고, 두 번째는 한국 인수합병 역사상 가장 큰 인텔 낸드 사업을 인수한 일이다.

SK하이닉스 해외 인수합병 1: 키옥시아

2018년 도시바가 메모리 사업부를 매각하면서 키옥시아Kioxia라는 이름으로 순수 낸드플래시 회사가 설립되었는데, SK하이닉스는 당시 베인캐피털Bain Capital이 주도한 인수단에 참여해 총 4조 원을 투자했다. 2조 7,000억 원은 베인캐피털이 조성한 사모펀드에 출자하고, 나머지 1조 3,000억 원은 도시바가 발행한 전환사채 인수에 사용했다. 사실 SK하이닉스가 베인캐피털 인수단에 참여한 이유는 키옥시아에 관심이 있어서라기보다는 미국의 웨스턴디지털Western Digital이나 중국 반도체 회사가 키옥시아를 인수하는 일을 막기 위해서였다.

당시 시장에서 키옥시아 인수에 대한 관심이 컸고 세계 3위 낸드 회사인 웨스턴디지털도 키옥시아 인수에 나섰다. 웨스턴디지털이 키옥시아 인수에 성공할 경우 점유율 면에서 세계 1위인 삼성전자를 턱밑까지 추격하게 되는 상황이었다. 낸드 시장이 2강 체제로 재편되면 SK하이닉스는 군소업체로 전락할 판이었다. 규모의 경제가 원가경쟁력에 가장 중요한 요소인 메모리에서 시장점유율은 가장 중요한 경쟁력이기 때문이다.

이를 막기 위한 방책으로 SK하이닉스는 키옥시아에 지분 투자를 진행했다. SK하이닉스는 키옥시아 지분에 대한 의결권은 없지만, 경쟁사가 키옥시아에 지분 투자를 할 경우 하이닉스의 동의를 얻어야 하는 조항이 있기 때문에 다른 회사의 키옥시아 인수를 저지할 수 있는 권리는 어느 정도 확보한 셈이다.

하지만 투자 성과는 현재까지 좋지 않다. 6년이 지난 지금 키옥시아의 가치는 그 당시보다 훨씬 낮고 낸드 시장도 6년 전보다 성장률이 많이 둔화된 상태이다. 최근에 부는 인공지능 트렌드도 디램과 다르게 낸드 시장에 미치는 영향이 크지 않다. '먹기는 싫지만 남 주기는 아까운' 이유로 키옥시아 인수단에 참여한 사정은 이해하지만, 투자할 때 조건 등은 하이닉스에 유리한 상황은 아니었다.

다만 향후 키옥시아가 기업공개(기업이 자사의 주식과 경영 내역을 시장에 공개해 외부 투자자에게 내보이는 것)를 할 경우 SK하이닉스가 투자금을 회수할 가능성이 높다고 전망하고 있다. 그렇기에 투자에 대한 회수는 현재 상태에서 어느 정도 가능하리라 생각한다. 또한 당시 낸드 시장의 경쟁 관계와 낸드 시장에서의 SK하이닉스의 입지를 감안하면 키옥시아에 대한 투자는 어쩔 수 없는 선택이었다고 여겨지는 측면이 있다.

SK하이닉스 해외 인수합병 2: 인텔 낸드플래시 사업

SK하이닉스는 2020년 10월에 인텔 낸드 사업부를 10조 원이 넘는 금액에 인수했다. SK하이닉스의 고민 중 하나는 디램에 집중화된 사업 구조였고, 특히 낸드 쪽에서 기업용 SSD 시장의 점유율이 낮다는 점이었다. 그래서 SK하이닉스는 디램 분야처럼 낸드 분야에서도 지위를 확고히 굳히기를 원했다. 인텔과의 합병이 성사되면 낸드 시장에서 SK하이닉스는 20% 점유율을 차지하게 되어 디램뿐 아니라 낸드에서도 세계시장 점유율 2위인 회사가 될 터였다.

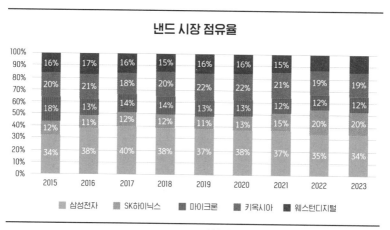

낸드 시장 점유율

[출처: 회사 자료, OMDIA] * 중국 낸드플래시 회사는 제외

사실 SK하이닉스 입장에서 보면 기업용 SSD 시장에서 인수합병을 통하지 않고 기존의 강자인 삼성과 웨스턴디지털의 아성에 도전하기는 쉽지 않았다. 2020년 2분기 SK하이닉스의 기업용 SSD 점유율은 7.1%로 삼성전자(34.1%)에 한참 못 미쳤다. 한편 인텔은 CPU 개발 과정에서 쌓은 솔루션 기술을 바탕으로 기업용 SSD 시장 세계 2위에 올라와 있었다. SK하이닉스는 충분한 낸드 생산시설이 있음에도 낸드를 기업용 SSD로 개발하는 '솔루션' 기술력이 약한 게 가장 큰 문제였다.

기업용 SSD 시장점유율

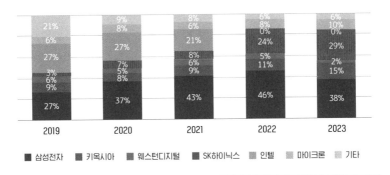

(출처: 가트너, OMDIA)

하지만 당시 하이닉스 담당 애널리스트였던 나는 인수에 들어간 비용이 사실 인텔 낸드 사업부 가치의 2배가 넘는 금액이라고 판단했기에, SK하이닉스가 인텔 낸드 사업부를 인수한다고 발표했을 때 리포트에 비싼 인수 가격에 대해 의문을 제기했다. 특히 인텔의 중국 다롄 생산시설은 2010년에 가동된 오래된 생산시설이었고 생산 방식도 '플로팅게이트Floating gate'라는 점에서 장비 업그레이드에 수조 원이 들고 미세공정 전환이 쉽지 않은 상태였기 때문이다.

인텔을 제외한 다른 모든 낸드 회사는 '차지트랩플래시Charge Trap Flash' 방식을 이용하고 있어 두 개의 다른 기술에 대한 투자를 계속하기 힘든 상태이다. 사실 대규모 인수합병에 들어간 투자금 때문에 SK하이닉스는 다시 한번 힘든 상황을 겪게 되었다.

플로팅게이트 vs. 차지트랩플래시

낸드의 제조 기법은 FG와 CTF로 나뉜다. FG는 전하(Data)를 도체에 저장하는 방식으로 오랫동안 사용돼왔다. 하지만 낸드가 2D에서 3D로 넘어가며 적층 기술이 중요해졌다. 적층으로 인해 주변 셀의 간섭이 심해지기 때문에 이를 개선하기 위해 개발된 기술이 바로 부도체에 전하를 저장해 적층 이동 간 간섭이 적은 CTF다. 다른 말로 낸드에 저장되는 데이터 용량이 커짐에 따라 데이터 간의 간섭을 최소화하는 기법이 CTF다. FG는 데이터 보존성이 우수하고 기술에 대한 신뢰성이 높다는 장점이 있다. 하지만 반복적인 쓰기와 지우기 과정에서 내구성이 저하되고 쓰기 및 읽기 속도가 상대적으로 느리다. 가장 큰 문제는 셀 사이즈가 작아질수록 셀 간 간섭이 심해져서 지속적인 업그레이드가 힘들다는 점이다.

지금까지 경험으로 보면 한국 기업들의 해외 기업에 대한 인수합병이 좋은 결과를 얻은 적이 별로 없는 것 같다. 삼성전자 같은 회사가 현금이 많은데도 해외 기업 인수합병에 소극적인 데는 과거의 실패 경험 탓도 있지만 외국 회사를 인수해서 빚어지는 문화적인 차이와 의사소통 문제, 그리고 새로운 사업에 대한 두려움 등 복합적인 이유가 있는 듯하다.

삼성그룹의 경우 삼성전자를 비롯해 그룹 자체가 유기적 성장 방식을 통해 사업을 키워나갔고 인수합병으로 시작한 경우가 거의 없다. 반면 SK그룹은 지금까지 많은 사업 부분이 인수와 합병으로 시작되었기에 인수합병에 대해 삼성그룹보다 훨씬 더 열려 있다고 생각된다.

참고로 SK그룹은 1980년 대한석유공사(현 SK이노베이션), 1994년 한국이동통신(현 SK텔레콤)에 이어 2012년 SK하이닉스까지 '3대 인수합병'을 통해 자산 규모 재계 2위 그룹으로 성장했다. 이처럼 SK그룹은 계열사 수가 200개 이상으로 한국 기업 중 가장 많은 점에서 알 수 있듯 다른 기업보다 활발한 인수합병을 진행하며 성장을 거듭해왔다.

한편 삼성그룹은 삼성전자가 2017년 하만Harman을 80억 달러에 사들인 일 말고는 지난 수십 년에 걸친 기업 역사를 돌이켜봐도 그룹 내에서 대규모 인수합병을 진행한 사례가 많지 않다. 개인적인 생각인데, 여기에는 기업 문화의 영향도 있는 것 같다. 삼성은 그동안 '순혈주의'를 고집했고 1994년 미국 PC 회사인 AST 인수 실패 이후로 관리의 삼성 문화에서 인수합병에 대한 부정적인 이미지가 있는 듯하다.

2021년 12월 인텔 낸드 사업부는 '솔리다임Solidigm'이라는 이름으로 SK하이닉스 자회사로 편입되었다. 하지만 10조 원에 사들인 솔리다임은 SK하이닉스 연결기준 실적에 포함되기 시작한 2022년 1분기부터 2023년 3분기까지 누적 7조 원의 순손실을 내며 완전 자본잠식에 빠졌다. 누적 적자를 포함해 솔리다임으로 인해 발생한 총 비용은 17조 원이 넘는다. SK하이닉스 2024년 1분기 말 순차입금이 19조 원이니 순차입금의 대부분이 솔리다임 인수로 발생한 비용인 셈이다.

막상 인수하고 봤더니 솔리다임의 기술력이 생각만큼 뛰어나지 못했고 중국에서 반도체를 생산, 판매할 경우 미국이 제재를 가하는 것이 기정사실화된 상황에서, 기존 설비의 업그레이드는 물론이고 유지 보수까지 어려워지리라는 관측이 난무하기에 향후 전망도 좋아 보이지는 않는다.

개인적으로 미국 회사인 인텔이 미국 정부가 중국에서 생산되는 반도체에 제재를 가하리라는 정보를 미리 입수하고 SK에 매각한 것이 아닌가 추측한다. 국내 회사가 해외 기업을 인수합병한 케이스 중 가장 금액이 컸던 이 건은 현재까지 봤을 때 실패한 인수합병이 아닐까 조심스럽게 판단한다.

한국 반도체의 흥망성쇠:
하이닉스를 중심으로

한국 반도체의 역사를 논할 때 절대 빼놓을 수 없는 이야기이자 현재 3강이 할거하는 디램 업계 구조를 만든 시발점은 바로 IMF 이후에 있었던 빅딜이다. 당시 정부 주도하에 주요 장치산업에 대한 빅딜(당시 5대 대기업이 중복된 업종에서 과잉 투자를 했기 때문에 합병을 통해 단일 법인을 만들어 사업을 재조정하자는 취지)이 진행되었다. 이러한 빅딜의 마지막 수순이 반도체 합병이었는데, 1999년 4월 LG그룹은 사업 구조조정으로 현대전자(현 SK하이닉스)와 반도체 빅딜에 합의했다.

LG반도체와 현대전자는 모두 상대방을 인수하기 위해 애썼지만, 액면으로는 당시 빅딜 평가 관련 미국 컨설팅 기업인 아서 디 리틀ADL, Arthur D. Little이 현대전자의 손을 들어줘서 현대전자가 반도체 산업을 흡수 통합하게 되었다.

그때도 반도체 산업은 매우 중요했기 때문에 현대와 LG그룹 모두 끝까지 포기하지 않아서, 다른 빅딜과 달리 차입금에 대한 감액 없이 합병 법인이 15조 원에 달하는 모든 부채를 떠안는 조건으로 빅딜이 성사되었다. 당시 다른 빅딜의 경우 은행에서 합병 법인에 부채와 이자율을 어느 정도 감면해주었는데, 반도체의 경우에는 합병 법인이 아무런 조건 없이 100% 고용 승계와 모든 차입금을 그대로 떠안았다.

후에 현대전자가 워크아웃(회사의 도산 등을 피하기 위해 채무자와 채권자가 해결 방법을 모색하는 행위) 단계까지 갔을 때 내부적으로 그때 은행들과 협상해 차입금 규모를 줄이거나 만기 연장에 합의했으면 지금처럼 유동성 위기를 겪지는 않았을 것이라고 후회했다.

당시 실무단에서는 서로 기술적 우위를 내세우며 유리한 여론 형성을 위해 필사적인 노력을 했다. 현대와 LG그룹 실무자들은 기자간담회를 여는 등 국내외 언론사를 통해 언론플레이를 했고, 증권사 애널리스트들을 대상으로 자사의 장점과 기술적 차별성을 강조하기 위해 애널리스트 데이를 개최하는 등 무수한 로비 활동을 했다.

합병과 관련된 비하인드 스토리 중 하나를 소개해본다. 서로 기술 우위를 주장하며 자신들이 합병의 주체가 되어야 한다고 언론플레이를 한창 할 때의 일이다. 당시 실무를 담당한 현대전자 임원이 최종 의사 결정권자에게 시장에서 두 회사를 보는 시각과 각자의 회사 가치에 대해 보고했는데, 결정권자가 보고를 그리 심각하게 받아들이지 않고 질문이나 추가 자료 요청도 하지 않아서 의아했다고 한다. 그래서 실무자 선에서는 이미 두 회사 오너가 사전에 합의를 본 상태이고 어느 회사가 반도체 사업을 가지고 갈지 이미 결정된 게 아닌가 추측하기도 했다.

현대전자가 합병의 주체가 되는 것으로 결정이 난 뒤 현대전자 내에 바로 통합추진단(통추단)이 꾸려졌다. 나는 통추단 일원으로 합병 과정에 참여했는데, 운동장만 한 사무실에 책상과 집기를 가져다놓고 그때그때 필요한 인력을 보강해가며 사업부별로 통합과 관련된 일을 했다.

그 당시 합병으로 인한 시너지 효과를 많이 강조했는데 결국 기술적인 통합을 이루지는 못했고 LG반도체가 가지고 있던 청주 공장은 향후 대부분 낸드 생산에 이용되었다. 사실 합병 이후 디램 생산량 기준으로는 삼성전자보다 컸는데 한 번도 시장점유율 측면에서 삼성전자를 앞선 적은 없었다.

참고로 합병 회사의 디램 시장점유율은 2001년, 2002년 17%로 삼성과 마이크론이 차지한 20% 초중반대의 시장점유율과 대비하면 차이가 많이 났다. 생산시설 대비 시장점유율이 낮았던 이유는 합병 후 막대한 차입금을 떠안아 투자를 제때 하지 못한 탓에 생산량 증가도 시장 평균 대비 낮은 수준에 그쳤기 때문이다.

1+1=1

합병 후 현대전자가 2000년 하반기부터 힘들어진 데는 반도체 경기가 꺾인 것보다 현금 유동성 문제가 생긴 게 훨씬 더 큰 영향을 미쳤다. 합병으로 엄청나게 늘어난 차입금 때문에 늘 자금 조달에 애를 먹었다. 1999년 10월 통합 반도체 회사 출범 당시 총 차입금은 무려 12조 3,000억 원에 달했다. 지금도 아주 큰 금액인데 25년 전이었으니 차입금 규모가 어느 정도였는지 짐작할 수 있을 것이다.

매일 만기가 돌아오는 자금을 막기 위해 채권 발행은 안 되는 상황에서 양도성예금증서를 매일 몇 백억 원씩 발행했다. 주로 3개월 만기여서 이자율이 높을 뿐 아니라 만기가 짧아서 매일 몇 백억 원씩, 특정한 날은 천억 원 이상 발행해 돌아오는 자금을 막아야 하는 긴박한 상황이었다

국제금융팀에서 IR업무를 담당하면서 나는 당시 자금 조달을 하느라 급급했던 하이닉스(현대전자는 2001년 4월에 사명을 하이닉스 반도체로 바꾸었다)가 진행한 국내외 주식이나 채권 발행에 실무자로 참여했다. 그중 가장 큰 딜이 12억 달러(1조 6,000억 원)에 달하는 주식예탁증권 발행 건이었다. CEO를 포함한 회사 주요 임원들과 같이 미국 출장을 갔는데, 정말 절실하게 자금이 필요한 처지라 투자자를 한 명이라도 더 만나기 위해 미국 전역을 누볐고, 이동 중에도 차 안에서 투자자들과 콘퍼런스 콜을 하고 시간을 분 단위로 쪼개 살인적인 스케줄을 소화했다.

주식예탁증권
(GDR, Global Depositary Receipts/ADR, American Depositary Receipts)

자국 시장에서 해외 주식을 거래할 수 있도록 은행이 외국 증권사와의 협약을 통해 자국 시장에서 거래 가능하도록 해놓은 것을 말한다. 자국민은 환전 없이 손쉽게 투자할 수 있으며, 해외 기업은 다양한 시장에서 자금을 유입할 수 있게 된다. GDR은 유럽 예탁증권이고 ADR은 미국 예탁증권을 뜻한다.

주택예탁증권 발행 전 회사는 1999년 12월과 2001년 6월에 두 번 유상증자를 했는데 우리사주라는 명목 아래 직원들은 반강제적으로 유상증자에 참여해야 했다. 우선 부서의 부장이 전체 직원 이름이 적힌 종이에 참여한다고 사인을 하면 차장, 과장, 대리, 사원 순으로 용지가 전달되어 결국 모든 직원이 참여하게 되었다. 그 당시 퇴직금을 담보로 은행

에서 유상증자 참여에 필요한 돈을 빌려주었고 우리사주로 받은 주식은 1년 이상의 의무보호 예수기간이 있어 퇴사한 경우가 아니면 바로 팔 수 없었다.

4만 원 대였던 주가가 2003년 3월 26일 감자(주식 금액 또는 주식 수를 줄여서 자본금을 감소시키는 방식)로 거래 정지되기 전 마지막에는 135원까지 추락했다. 2001년 초부터 주가가 액면가 밑으로 떨어졌고, 그 상태에서 1년이 지나자 주식이 무려 42억 주나 추가 발행되었다.

2002년 7월 23일에는 하이닉스 하루 거래량이 무려 18억 주를 넘었으며 이로 인해 유가증권시장 거래량만 해도 23억 주를 넘었다. 단일 종목 하루 거래량 사상 최고 기록으로, 감자 전에는 거래량에서 하이닉스 거래량을 뺀 통계를 사용할 정도로 하이닉스의 증권시장 왜곡은 심했다. 오죽하면 주식시장에서 공인된 별명이 '하락닉스'였을까.

그 후 유상증자로 늘어난 주식 수가 너무 많아서 2003년에 21대 1로 감자를 했으니, 현재 SK하이닉스 주가가 21만 원 정도라고 가정하면 감자 전 기준으로는 약 1만 원 정도였던 셈이다.

하지만 고진감래라고 감자하기 전 기준으로 5,600억 원의 시장가치였던 회사가 현재 150조 원 가까이 되었다. 역사상 최저가 기준으로 시장가치가 300배 가까이 오른 것이다. 닷컴 버블 이후 한국 주식시장에서 최저가 대비 가장 많이 오른 주식으로 기록되지 않을까 싶다.

승자의 저주

단기자금 조달로 만기가 돌아오는 금액을 막는 데 한계를 느끼고 현대 전자는 2001년 1월에 사업 경쟁력 강화와 단기자금 유동성 문제의 근본적 해결을 위한 구조조정 계획을 발표했다. 반도체 이외에 통신, TFT-LCD(액정의 변화와 편광판을 통과하는 빛의 양을 조절하는 방식으로 영상 정보를 표시하는 디지털 디스플레이. 컴퓨터 모니터, 휴대전화, 텔레비전 등에 사용된다) 부문을 분리하고 보유 자산을 1조 원어치 매각해 재무 구조를 개선하고 인력과 조직 구조조정을 통해 5,000명의 인력을 줄일 계획이라고 발표했다. 합병 후 2년이 안 되어 대규모 구조조정과 생존 계획을 논의하게 된 것이다.

그 당시 정말 팔 수 있는 모든 자산을 다 팔았던 듯한데, 특히 통신주는 IT 붐이 꺼지고 나서 주가가 급락한 바람에 거의 헐값에 매각했던 기억이 있다. 그래서 그때 사내에서도, 불과 몇 개월 전에만 통신주를 다 팔았어도 유동성 위기는 없었을 거라고 다들 안타까워했다.

2000년 말부터 하이닉스는 정말 하루하루가 힘든 날이었다. 2001년에 만기가 돌아오는 차입금 및 부채 규모가 약 5조 6,000억 원에 달했고 2002년에는 거의 2조 원 가까이 돼서 차입금 만기 스케줄을 재조정하기 위해 매일 채권단과 차입금 만기 연장을 위한 회의를 했다. 그 무렵 밤늦게까지 회의가 이어지는 나날이 계속되었는데, 나는 실무자로 사무실에서 대기하고 있다가 미팅 중간에 필요한 자료를 바로 준비해 채권단과의 회의에 사용할 정도로 상황이 다급했다.

첫 번째 구제금융

IT 버블이 꺼지면서 2001년에 디램 가격이 90% 폭락했다. 그 와중에 하이닉스는 2001년 8월 현대그룹에서 분리되어 독립 기업으로 출범했고, 10월 채권금융기관 공동관리(워크아웃)가 시작됐다. 하이닉스는 5조 원의 적자를 남기고 채권단에 넘겨졌다. 채권단이 21:1 감자 이후에 3조 원 가량의 전환사채를 주식으로 전환하고 구제금융에 참여하자 은행들은 1조 5,000억 원의 차입금을 감면해주었다. 또한 투자를 위해 채권단은 6,500억 원의 신규 자금을 지원했다.

그 결과 차입금은 2000년 말 9조 5,000억 원에서 2001년 말 5조 7,000억 원으로 줄어들었고 이자 비용 부담도 많이 경감되었다. 그 후 구조조정으로 휴대폰 사업부는 현대큐리텔로 분사된 후에 펜텍에 인수되었다. 모니터 사업부는 현대이미지퀘스트로 분사되었는데 바이오 기업으로 탈바꿈해 지금의 현대바이오사이언스가 되었다. 디스플레이 사업부는 하이디스로 분사된 후 중국의 BOE가 인수해서 TFT-LCD 사업을 시작해 현재 세계 1위 디스플레이 회사가 되었다. 당시 하이닉스는 현대자동차라는 내부고객이 있어서 전장사업도 했는데, 2000년에 전장 사업부는 현대오토넷으로 분리된 후 2008년에 현대모비스에 흡수 합병되었다.

당시 많은 하이닉스 직원이 침몰해가는 배에서 탈출하기 위해 분사되는 회사에 경쟁적으로 지원해 하이닉스를 떠났다. 특히 일부 직원의 경우 부장이나 차장이 분사된 회사로 옮겨가면서 본인의 의지와 상관없이 상사를 따라가게 된 사례도 있었다. 하이닉스 본사가 있는 이천으로 다들 옮겨가는 과정에서 서울 근무를 원하는 직원들이 서울에 본사가 있는 분사된 회사로 지원하는 사례도 있었다. 정말 이산가족같이 회사의 모든 직원이 뿔뿔이 흩어졌다.

지금 분사된 회사 가운데 그대로 남아 있는 회사는 없다. 반면에 그때 의리를 지키고 하이닉스에 남은 직원들은 무수한 흥망성쇠를 겪으며 숱한 우여곡절을 극복한 끝에 한국에서 두 번째로 크고 전 세계 반도체 회사 중 상위 20위 안에 드는 회사를 만들어냈다. '새옹지마'라는 표현이 딱 맞지 않을까 싶다.

합병 후 2000년부터 2003년까지 4년간 누적 당기순손실 규모만 10조 5,000억 원에 달했다. 12인치 웨이퍼를 선제 도입하는 등의 시도로 시장 점유율 1위를 수성한 삼성전자만 2002년 30%대의 영업이익률을 기록했고 나머지 전 세계 모든 디램 회사가 엄청난 손실을 냈다.

하이닉스 매각 시도

하이닉스는 하마터면 미국 회사가 될 뻔했다. 그와 관련된 아찔한 비하인드 스토리를 여기에 소개한다.

2002년 4월 22일 하이닉스를 마이크론에 매각한다는 양해각서MOU, Memorandum of Understanding가 체결되었다. 하지만 2002년 4월 30일 하이닉스 이사회는 막판에 매각 협상안을 뒤집어엎었다. 그러지 않았다면 하이닉스는 외국으로 넘어갔을 것이다.

그 당시 CEO인 박종섭 사장을 비롯한 이사회는 그때 만장일치로 매각 협상안을 부결시켰다. 박 사장은 그 책임을 지고 사장 자리에서 물러났는데, 당시 정부는 거저 주다시피 하이닉스를 마이크론에 넘기려고 했다. 매각 조건은 상당히 불리했다.

매각 대금은 34억 달러, 여기에 마이크론은 15억 달러에 이르는 자금 지원을 해달라고 채권단에 요구했고 정부에는 7년 동안 법인세를 비롯한 각종 세금을 면제해달라고 요구했다. 심지어 매각 대금인 34억 달러도 현금이 아니라 마이크론 주식으로 주기로 했다. 게다가 협상 기간 동안 마이크론 주가가 빠져서 양해각서 체결 당시에는 주가가 35달러에서 26달러까지 30% 가까이 하락한 상황이었다. 사정이 이러했기에 마이크론으로서는 공짜로 하이닉스를 사는 셈이나 다름없었고 채권단 입장에서는 하이닉스가 매각되더라도 건질 수 있는 돈이 거의 없는 판국이었다. 한 술 더 떠 마이크론은 채권단에 15억 달러에 달하는 지원을 요구하면서도 자기네는 지급 보증을 설 수 없다고 버텼다. 그러면 최악의 상황에 이른다 해도 마이크론 입장에서는 돈을 갚지 않아도 될 터이니 손해 볼 게 없었다.

딜은 결국 성사되지 않았지만 마이크론은 실사를 통해 하이닉스 공장 내부에 들어와 공정 등 필요한 정보를 얻었다. 또한 그렇게 얻어간 정보는 뒷날 미국 정부가 하이닉스에 상계관세를 부과할 때 기본 자료로 활용되었다.

그때 정부가 무리하게 하이닉스를 마이크론에 매각했더라면 아마 지금 한국 반도체 회사는 하나밖에 없을 것이다. 또 어쩌면 삼성전자도 지금과 같은 지위와 위상이 아닐지도 모른다. 라이벌이 있고 없고는 유의미한 차이를 만들어낸다. 삼성과 하이닉스 두 회사가 함께 레이스를 하며 선의의 경쟁을 펼치는 것, 또한 반도체 회사에서 일하기 위해 국내외에서 공부하는 사람들이 한국 반도체 회사에 들어가려고 할 때 고를 수 있는 선택지가 하나가 아니라 둘이라는 것은 국내 반도체 회사들이 경쟁력을 확보하고 유지하는 데 큰 영향을 미친다.

상계관세

2003년 8월 미국이 44.3%, EU가 34.8% 상계관세를 하이닉스에 부과하고 2006년 2월 일본도 27.2% 상계관세를 부과했다. 5년 동안 상계관세가 유지되었고 2008년 5월부터 8월에 가서야 폐지되었다.

사실 이건 현대전자 시절 이야기다. 2000년 12월, 하이닉스의 전신 현대전자는 IMF 기간 중 발행한 회사채 만기로 파산 일보 직전에 놓였다. 그때 긴급 조치로 시행된 이른바 '회사채 신속 인수 제도'를 통해 채권단인 산업은행이 현대전자의 회사채를 인수해준 것이다. 미국과 EU는 "산업은행의 회사채 인수 금리는 당시 시장금리보다 낮아 정부 보조금과 마찬가지다"라는 공격 논리를 펼치며, "회사채 인수 제도는 현대전자라는 특정 회사를 살리기 위한 특혜"로 규정했다.

반면 한국 정부 측은 "회사채 신속 인수 조치는 특정 회사를 위한 것이 아니라 당시 회사채 차환 발행이 어려운 신용등급 A 이하의 기업 전부를 대상으로 했고, 회사채 인수 금리 수준도 시장금리와 거의 비슷한 연 12.8%였으므로 하이닉스에 특혜를 준 게 아니다"라고 반박했다.

사실 이 문제의 발단은 결국 정부가 하이닉스를 매각하기 위해 마이크론과 접촉한 데 있었다. 실사를 통해 얻은 정보를 바탕으로 마이크론이 미국 상무부에 문제를 제기하고 미국 정부는 마이크론의 주장을 받아들여 하이닉스에 대한 한국 정부의 보조금 지급을 인정한 것이다. 또한 미국 상무부의 결정에 따라 자국에 메모리 반도체 회사가 있는 국가들, 즉 인피니언이 있는 독일, 도시바가 있는 일본이 차례로 상계관세를 부과하기로 결정했다.

하이닉스는 이 기간 동안 고율의 상계관세를 피하기 위해 대개 미국 오리건 주 유진 공장과 중국 우시 공장에서 생산된 물량, 대만 프로모스에 위탁 생산한 물량을 미국에 수출했다. 미국 정부가 한국에서 생산한 물량에 대해서만 상계관세를 부과하기 때문이었다. 하지만 최첨단 제품은 주로 국내에서 생산되었기 때문에 어쩔 수 없이 높은 상계관세를 물면서 미국에 수출할 수밖에 없었다.

하이닉스를 얘기할 때 빠질 수 없는 인물이 메모리 반도체 공정 달인으로 불리는 최진석 부사장이다. 2000년 삼성전자의 12인치 웨이퍼 개발 팀장이었고 2001년에 하이닉스에 합류했다. 이후 제조본부장을 역임하며 투자 자금이 모자랐던 하이닉스의 구원투수로 등판해 8인치 팹을 12인치로 전환하며 새로운 장비에 대한 투자를 최소화했다. 최 부사장은 이처럼 투자 효율성을 높이는 방법을 적용하면서 2009년 3분기에 8분기 만에 흑자 전환을 이룩하는 성과를 냈다. 하지만 그 후 무리한 생산 최우선 전략을 고집해 공급 과잉으로 다시 한번 하이닉스뿐 아니라 전체 메모리 시장의 불황을 일으키는 원인을 제공했다.

최진석 부사장과 저녁식사 미팅을 했을 때 일이다. 최 부사장이 그해 매출 계획을 제시하기에 내가 매출 계획을 수립할 때 디램 가격이 얼마 정도 떨어지리라고 가정했느냐고 물어봤다. 그랬더니 매출 계획을 세울 때 디램 가격은 상관없다고, 가격이 10% 떨어지면 생산을 11% 더 하고 가격이 20% 떨어지면 생산을 25% 더 해서 매출을 계획한 대로 맞추면 된다는 답변이 돌아왔다. 이 말을 듣고 개인적으로 시장이 더 안 좋아지리라고 분석했다. 메모리 반도체 특성상 수요가 없는 상태에서 과도한 생산은 재고를 늘리고 결국 가격 하락을 가속화하기 때문이다.

디램 가격 담합

2002년 6월 미국 법무부는 델Dell 등 PC 제조 업체들의 제보를 받고 삼성전자를 포함한 전 세계 디램 업체들의 담합 혐의에 대한 조사에 들어갔다. 조사는 2003년 12월 미국 디램 업체인 마이크론의 플리바겐plea bargain(죄를 인정하고 수사에 협조하는 것을 전제로 사면 또는 감형받는 제도)으로 속도를 냈다. 마이크론은 담합에 가담한 동종업계 사람들의 명단을 제공했다. 그때만 해도 디램 회사들끼리 이메일로 자유롭게 대화했는데, 이메일 내용이 조사 당시 증거 자료로 사용되었다.

이어 2004년 독일 인피니언이 유죄를 인정하고 1억 6,000만 달러의 벌금과 간부 4명에 대한 실형을 선고받았다. 2005년 4월 하이닉스도 합의를 통해 1억 8,500만 달러의 벌금을 부과받았다. 10월에는 삼성전자가 3억 달러, 2006년 1월에는 일본 엘피다가 8,400만 달러의 벌금을 물었다. 사실 이 사건에 연루된 하이닉스 임원 4명과 삼성전자 임원 3명은 유죄를 인정하고 미국에서 7~8개월씩 징역형을 받기로 합의했는데, 그중에는 내가 사적으로 알고 지내는 분들도 각 회사에 한 명씩 있었다.

두 분은 실제로 미국에 가서 7개월 이상 감옥 생활을 했고 사비로 25만 달러나 되는 벌금을 냈다. 두 분 다 회사에서 인정받던 마케팅 임원으로 향후 최고경영자 자리까지 오르리라는 평을 받을 정도로 회사 내에서 잘나가는 임원이었는데, 가격 담합 이슈로 타지인 미국에서 옥고를 치르고 개인 돈으로 벌금을 낼 수밖에 없었다.

이 사건 이후로 삼성전자와 하이닉스 사람들 모두 공적인 자리는 물론이고 심지어 사적인 자리에서까지 같이 있는 것을 꺼려했다. 그래서 JP모건이 주최하는 콘퍼런스에 두 회사를 초청했을 때 서로 동선도 겹치지 않게 스케줄을 잡느라고 힘들었던 기억이 있다.

워크아웃 조기졸업

채권단 관리에 들어간 지 4년이 안 되어 하이닉스는 2005년 7월 워크아웃을 조기졸업했다. 2001년 10월 채권단 공동관리 절차에 들어간 지 3년 9개월 만으로, 당초 2006년 12월까지 예정됐던 일정을 1년 반가량 앞당겨 졸업한 것이다.

그 기간 동안 독자 생존을 위해 메모리 반도체 부문을 제외한 모든 사업부를 매각하고 남은 직원들은 위기 상황에 대응하기 위해 애사심을 발휘해 임금 동결과 무급휴직에 동의하는 희생을 하며 마른 수건도 다시 짠다는 각오로 이뤄낸 결과이다.

천문학적인 투자가 요구되는 반도체 산업의 특성상 지속적인 투자가 필요했다. 하지만 투자와 관련된 모든 것을 채권단이 통제하는 상황에서는 투자의 효율성이 가장 중요했다. 그래서 하이닉스 직원들은 기존 장비를 개조해 새로운 공정에 사용하는 등 많은 아이디어를 내어 지속적인 경쟁력을 유지했다.

두 번째 구제금융

하지만 이런 시기도 오래가지 못했다. 2008년 글로벌 금융위기GFC, Global Financial Crisis가 터지면서 2008년 하이닉스의 연간 영업 손실 규모는 1조 9,000억 원에 달했다. 하이닉스는 주거래은행(주주협의회)으로부터 유동성 지원을 받았다. 2001년 첫 번째 구제금융으로 인해 이미 주거래은행들은 하이닉스의 최대주주였다.

은행들의 전폭적인 유동성 지원 결정으로 하이닉스는 신규 자금 약 8,000억 원, 만기연장 등에 따른 자금 조달 효과 약 1조 8,000억 원 등을 포함해 약 2조 6,000억 원 규모의 유동성 개선 효과를 거두었다. 또한 하이닉스는 자체 자구 노력을 통해 약 1조 2,000억 원의 유동성을 확보하는 등 총 3조 8,000억 원 규모의 유동성을 확보해 두 번째 유동성 위기를 극복했다. 유동성 지원 방안 이후에 2009년 1월과 5월에 각각 3,200억 원과 7,200억 원 규모의 유상증자를 했다.

세 번째 이름 SK하이닉스

유동성 지원과 동시에 채권단은 하이닉스의 새주인을 찾기 시작했다. 효성이 단독 투자의견서LOI, Letter of Intent를 2009년 9월에 제출했으나 2개월 후 철회하는 바람에 채권단은 2009년 12월에 2차 매각 공고를 냈다. 당시 삼성을 제외한 모든 대기업이 인수 후보로 거론됐는데, 어떤 기업이 하이닉스 우선협상자로 거론되면 주가가 폭락하는 해프닝이 반복되었다.

그 후 2011년 7월에 STX와 SK그룹이 투자의견서를 제출했는데, 2011년 9월에 STX는 하이닉스 인수를 포기했다. 따라서 SK 단독으로 하이닉스 본입찰에 참여했고 2011년 11월에 하이닉스 주식 20%를 취득하는 매매 계약을 체결했다. 그리고 마침내 2012년 2월 하이닉스 채권단과 하이닉스가 참여한 가운데 총 발행 주식의 약 21.1%를 3조 4,000억 원에 매입하는 지분 인수 계약이 최종적으로 성사되었다.

이와 관련된 비하인드 스토리를 소개한다. 당시 하이닉스 경영진은 현대중공업이 하이닉스를 인수하기를 원했고 내부적으로 제안서를 작성해 현대중공업 최고경영진에게 전달했다고 한다. 'From Chip to Ship(반도체 칩부터 선박까지)', 즉 세상에서 가장 작은 제품부터 가장 큰 제품까지 생산한다는 정주영 회장의 소명을 현대중공업이 계승해 현대그룹의 정통성을 확보할 수 있는 좋은 기회였기 때문이다. 하지만 현대중공업은 입찰에 참여하지 않았다. 만약 참여했다면 현대중공업이 현재 재계 2위 회사가 되었을 것이다.

2012년 3월 사명을 하이닉스 반도체에서 지금의 SK하이닉스로 변경했다. 오랜 기간 주인 없는 회사에서 SK를 새주인으로 맞이함에 따라 회사 분위기는 어느 정도 안정되었다. 반도체 사이클도 금융위기 이후에 안정적으로 흘러감에 따라 내실화를 다질 수 있는 시간도 벌었고, SK그룹 측면에서도 반도체라는 새로운 산업에 대한 이해도를 높일 수 있는 기회를 가질 수 있었다.

주식시장에서도 채권단 관리하에 하이닉스의 투자와 경영이 이루어지는 쪽보다 SK그룹이 인수해 경영하는 쪽이 합리적인 투자가 가능할 것이라고 보았기에, SK그룹의 하이닉스 인수는 주가에도 어느 정도 도움이 되었다고 생각한다.

물론 모든 인수합병에 따르는 변화를 SK하이닉스도 겪었다. SK그룹은 조직 장악을 위해 반도체 고유 영역인 연구, 생산, 판매 등을 제외하고 대부분 사업부의 수장을 바꾸었고 일련의 과정을 통해 기업 문화를 SK 문화로 바꾸어나갔다.

다만 초기에 많은 사업부 수장이 SK 사람들로 교체되면서 기존 하이닉스 사람들의 SK 문화에 대한 저항이 다소 있었다. 10년이 지난 지금까지도 새로 들어온 SK 사람들뿐만 아니라 과거 LG반도체, 현대전자, 하이닉스 등 다양한 출신의 구성원들이 같이 일하고 있어 다른 문화와 출신에 대한 조율 작업이 어느 정도 필요한 상황이다.

3가지 행운

몰락한 현대전자가 SK하이닉스로 넘어가는 과정의 우여곡절을 되짚어 보면 여러 사건이 있었는데, SK하이닉스 입장에서 3가지 행운이 따랐던 것 같다. 첫 번째는 ST마이크로와의 전략적 제휴를 통해 기존의 디램 비즈니스 모델에서 낸드로 확장한 것, 두 번째는 스마트폰 시장의 개화로 인해, 특히 애플의 아이폰으로 인해 낸드 시장이 확대되었는데 하이닉스는 LG반도체와 합병하면서 엄청나게 증가한 8인치 캐퍼를 낸드 생산에 활용할 수 있었던 것, 세 번째는 투자 여력이 없는 상황에서 중국 정부와 ST마이크로의 지원을 받아 중국 우시에 새로운 생산 라인을 지음으로써 원가 경쟁력을 확보할 수 있었던 것이다.

2018년 슈퍼사이클

SK하이닉스는 2013년부터 2015년까지 반도체 호황기와 더불어 매년 사상 최대 실적을 경신했다. 2018년 연간 영업이익 20조 8,000억 원이라는 역대 최고 실적을 달성했고 영업이익률도 52%로 제조업에서 보기 힘든 수익성을 보여줬다. 과거 1995년과 마찬가지로 2018년에도 이렇게 호황일 것이라고 시장에서는 생각하지 못했다.

하지만 공급업체 간 통합이 일어나면서 디램 쪽에서는 3개 업체, 그러니까 삼성전자, SK하이닉스, 마이크론만 살아남았다. 3사는 PC와 모바일 쪽 수요가 둔화되면서 2010년 이후부터 투자를 보수적으로 유지했다. 이로 인해 메모리 반도체 분야에서 공급이 제한되었다. 또한 수요 측면에서는 기존 어플리케이션(PC와 모바일 등)의 성장은 크게 없었지만, 기기당 메모리 탑재량이 늘면서 어느 정도 수요가 생겨났다. 이처럼 제한적인 시설 투자로 인한 공급 제한과 새로운 수요, 특히 서버향 메모리 수요로 인해 2018년에는 1995년 이후 최고의 호황기인 '슈퍼사이클'이 찾아왔다.

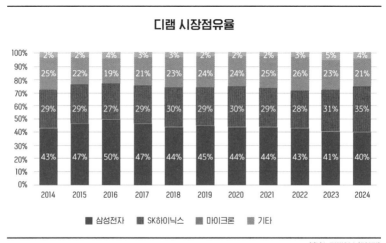

디램 시장점유율

(출처: 디램익스체인지)

2017년에 데이터센터 고객들, 특히 구글, 아마존, 메타, 마이크로소프트 같은 하이퍼스케일러hyperscaler가 공격적으로 클라우드 서비스를 위해 데이터센터를 구축하고, 2017년 하반기부터 2018년 3분기까지 고객들이 가격과 상관없이 과도하게 메모리 반도체를 구매한 것이 슈퍼사이클을 불러왔다.

사실 하이퍼스케일러는 과거에도 반도체를 구매했지만 물량이 크지 않아서 대부분 박스업체들(서버를 만드는 회사)을 통해 구입했으나, 데이터센터 구축에 공격적으로 투자하면서 반도체를 비롯한 주요 부품을 직접 구매하게 되었다. 이로 인해 디램과 낸드 가격은 시장의 예상을 훨씬 뛰어넘는 수준으로 상승했고 메모리 반도체 역사상 가장 좋은 한 해를 맞이했다.

이때도 모든 메모리 회사가 수요에 대해 과신하고 과거 PC, 모바일에 이어 서버향으로 전개되는 새로운 사이클이 도래한다고 생각한 나머지 생산시설을 확대하는 데 공격적으로 투자했다. 그런데 데이터센터 수요가 줄어들면서 하이퍼스케일러들이 이중 구매했던 수요의 캔슬이 일어나 다시 한번 메모리 시장의 불황이 시작되었다.

그때 SK하이닉스가 공격적으로 인수합병을 시도한 이유도 2018년 같은 슈퍼사이클 호황이 계속될 것이라는 믿음이 있었기 때문이다. 사실 2018년에는 롤러코스터로 비유되는 메모리 사이클을 직접 경험해본 적 없는 SK 출신 임원들이 SK하이닉스의 주요 의사 결정자였던 탓에 오히려 메모리 사이클의 변동성을 상대적으로 낮게 평가한 것도 그러한 시도에 영향을 미쳤다고 개인적으로 생각한다.

다행히 호황기가 길었고 반도체 가격도 워낙 높은 상태여서 2019년부터 시작된 가격 하락에도 불구하고 메모리 회사들은 이익 측면에서 나름대로 선방했다. 이때 시장에서는 이제 메모리 회사는 불황에도 흑자를 낸다고 가정하고 밸류에이션을 높게 해야 한다는 논리를 많이들 내세웠다. 하지만 이 논리가 깨지는 데는 그리 오래 걸리지 않았다.

2019년 짧은 불황을 겪고 나서 코로나 사태가 터지면서 공급망 문제가 발생하고 재택근무, 온라인 교육 등이 시행되면서 PC 및 태블릿의 수요가 증가한 덕분에 코로나 초기에 메모리 가격은 다시 급등했다.

가격 변동이 크지 않은 비메모리 반도체와 다르게 메모리 반도체는 수급에 따른 가격 변동이 심한 제품이다. 따라서 이 시기에 고객사들은 물량 확보에 대한 리스크뿐만 아니라 가격 상승에 대한 리스크를 상쇄하기 위해 공격적인 재고 축적Inventory re-stocking에 나섰다. 이후 공급망 문제가 해결되고 코로나 이슈가 어느 정도 해결되면서 IT에 대한 수요가 급감하자 메모리 수요도 갑자기 줄어들게 되었다.

이로 인해 메모리 회사들의 반도체 재고는 급격하게 쌓였고 삼성전자를 제외한 모든 메모리 회사가 2022년부터 감산을 발표했다. 심지어 삼성전자도 2023년 1분기 실적 발표 때 공식적으로 감산을 발표했다.

또한 이때는 2017년부터 2018년에 걸친 호황기 때 생산설비에 투자한 것과 더불어 코로나 초기 갑작스러운 수요 증가로 인해 적극적으로 시설 투자를 늘린 것 때문에 공급이 증가한 상태였다. 따라서 시장 재고(고객사 재고, 유통사 재고, 메모리 업체 재고)는 사상 최대치로 쌓여갔고 수요가 없는 상태에서 지속적인 생산 증가는 결국 추가적인 반도체 가격 하락으로 이어지며 악순환이 되풀이되었다. 내 기억으로는 코로나 이후 불황기에 이루어진 생산량 조절이 메모리 반도체 산업 역사상 처음으로 이루어진 대규모 감산일 것이다.

2023년 디램, 특히 낸드 사업에서는 메모리 반도체 역사상 최악의 손실률을 기록했다. 코로나 초기에 있었던 가수요가 사라짐에 따라 발생한

메모리 반도체 시장 성장률

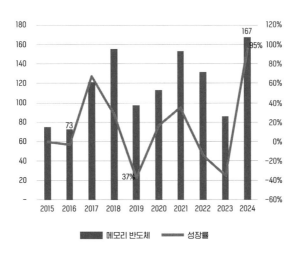

메모리 반도체 ▬▬ 성장률

디램, 낸드 시장 성장률

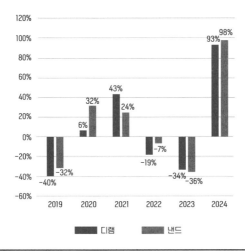

디램 ▬▬ 낸드

(출처: WSTS, JP모건)

수요 감소와 공급 증가로 디램은 지난 2012년 이후 처음으로 적자로 돌아섰다. 그런 가운데 낸드는 역사상 최악의 손실률, 60%에 가까운 영업손실률을 기록했다. 특히 SK하이닉스의 낸드 영업손실률은 80%가 넘었는데 상당 부분이 솔리다임 인수로 인한 적자 때문이었다.

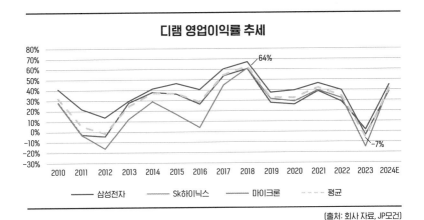

디램 영업이익률 추세

[출처: 회사 자료, JP모건]

낸드 영업이익률 추세

[출처: 회사 자료, JP모건]

3 반도체 슈퍼사이클 예측 노하우

반도체에서 슈퍼사이클이란?

지난 30년간의 메모리 반도체 시장을 돌이켜보면 슈퍼사이클이라고 할수 있는 시점이 두 번 있었다.

첫 번째는 1995년의 슈퍼사이클이다. 그 원인을 살펴보면 첫째, 고베 대지진이 일어나 공급 이슈가 발생했다. 둘째, 마이크로소프트가 윈도우 95라는 혁신적인 운영체제를 출시한 덕분에 PC시장이 급성장했을 뿐 아니라 기기당 메모리 사용량도 획기적으로 커짐에 따라 수요가 폭발적으로 증가했다. 이러한 이유로 1995년은 메모리 반도체 역사상 가장 좋았던 한 해로 기록됐다.

두 번째는 2018년의 슈퍼사이클이다. 여기에도 크게 두 가지 원인이 있다. 첫째, 당시 수년간 산업 전반에 걸쳐 이루어진 보수적인 투자로 인해 공급이 제한되었다. 둘째, 2018년에 데이터센터 고객들이 공격적으로 데이터센터를 구축하고 메모리 가격과 상관없이 엄청나게 많은 양의 메모리를 사재기한 탓에 디램과 낸드 가격이 폭등했다. 메모리 시장 규모는 1,600억 달러 가까이에 이르러 전체 반도체 시장에서 차지하는 비중도 34%로 1995년 이후 역대 최고였다.

두 차례의 슈퍼사이클 사이에도 여러 번 호황기가 있긴 했다. 글로벌 금융위기 이후 2010년에는 스마트폰이 불러일으킨 수요 증가로 메모리 산업에 호황이 찾아왔지만 디램 시장 규모는 2010년에 390억 달러로 1995년도의 410억 달러 수준에는 미치지 못했다. 스마트폰 판매량이 PC 판매량보다 훨씬 더 높았으나 스마트폰 한 대당 탑재되는 메모리 용량은 PC의 10분의 1 수준이었다.

과거 메모리 반도체 수요의 가장 큰 축을 이룬 것은 기기의 판매량이었다. 하지만 전체적인 IT 수요가 부진한 상황에서 기기당 탑재되는 메모리 용량이 수요의 중요한 축이 되었는데, PC나 스마트폰에서는 메모리 가격이 기기당 탑재되는 메모리의 양을 결정하는 요소 중 하나이다. 메모리 가격이 너무 높으면 PC나 스마트폰 업체가 메모리 용량 증가를 더디게 하고 반대로 메모리 가격이 낮으면 메모리 용량 증가를 가속화함에 따라 전체적인 메모리 수요가 증가하기 때문이다.

기기당 하나만 필요한 비메모리 반도체와 다르게 메모리 반도체는 가격이 낮으면 메모리 용량을 2배로 늘릴 수도 있지만, 반대로 가격이 높으면 용량을 축소할 수도 있어 가격 탄력성이 높은 제품이다.

그리고 세 번째 슈퍼사이클이 2024년에 인공지능으로 인해 도래하리라고 시장에서는 예상한다. AI 서버에 HBM을 장착하게 되면서 역사상 세 번째 슈퍼사이클이 발생하리라는 기대가 충만하다.

위의 3차례 사이클의 공통점을 살펴보면 기존 수요가 아니라 새로운 수요가 일어나 전체 수요가 폭발적으로 증가했다는 사실과 더불어 공급 이슈가 발생했다는 사실도 알 수 있다. 1995년에는 고베 대지진이 일어나 당시 가장 큰 공급처였던 일본 반도체 회사의 공급이 원활하지 않았

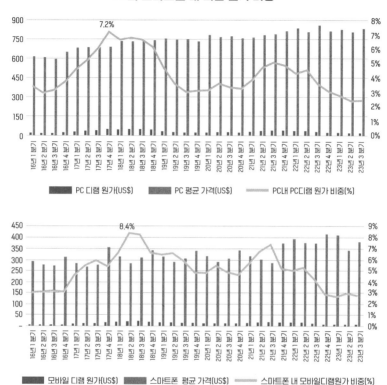

PC와 스마트폰 내 디램 원가 비중

PC 디램 원가(US$) ▬ PC 평균 가격(US$) ▬ PC내 PC디램 원가 비중(%)

모바일 디램 원가(US$) ▬ 스마트폰 평균 가격(US$) ▬ 스마트폰 내 모바일디램원가 비중(%)

[출처: 회사 자료, JP모건]

다. 2018년에는 공급업체 간 통합과 더불어 장기간에 걸친 PC와 스마트폰의 수요 둔화로 인해 3개의 디램 업체가 보수적으로 투자한 탓에 공급 증가가 크지 않았다. 그리고 최근 HBM의 경우에는 SK하이닉스를 제외하고 삼성전자와 마이크론이 준비가 되지 않은 상황이라 HBM 공급에 제한이 있었다.

다시 말하면 슈퍼사이클의 시발점은 수요에서 기인하지만 결국 제한된 공급으로 인해 급격한 가격 상승이 일어나 메모리 반도체 시장 규모가 폭발적으로 성장하고, 가격 상승으로 인한 시장 상승분은 모두 업체들의 마진 상승으로 이어지게 된다는 뜻이다.

산업 특성상 고정비 비중이 높고(전체 원가의 50% 이상) 가격 상승으로 인한 매출 상승분은 대부분 이익으로 귀결되기 때문이다. 메모리 시장이 돌아가는 가장 근본 원리인 수요와 공급에 따른 가격의 방향성이 결국 메모리 사이클을 결정하는 가장 큰 요소라는 사실은 지난 30년 넘는 호황과 불황의 사이클에서 입증되었다.

지난 슈퍼사이클 기간 반도체 기업의 실적과 수익 변화, 관련 지표 분석

현물가격과 장기공급가격 추이

과거에 반도체 회사 투자에 가장 중요한 지표는 디램 현물가격이었다. 현물가격은 매일 변하고 디램익스체인지www.dramexchange.com라는 사이트에서 쉽게 접할 수 있는 정보였다. 디램 가격 변동에 따라 메모리 회사의 매출과 수익이 큰 폭으로 변하기 때문에 디램익스체인지에서 하루에 두 번 가격을 공시할 때마다 주가가 큰 폭으로 변했다. 그때만 해도 디램 제품은 주로 범용 제품인 PC 디램이 대부분이었기에 한두 제품의 가격 변화가 전체적인 디램 시장을 대변했다.

하지만 지금은 전체 수요 중 PC가 차지하는 비중은 줄어들고 모바일, 그래픽, 서버, 최근에는 HBM까지 제품이 다양해지고 대부분의 업체가 장기공급 계약을 통해 가격을 결정하기 때문에 과거와 같이 현물가격의 움직임에 따라 주가가 크게 변동하지는 않는다. 참고로 디램 가격은 크게 현물Spot과 장기공급Contract 가격으로 구성되어 있는데, 메이저 업체는 대부분 장기공급 계약을 맺고 가격을 분기별 혹은 반기별로 조정한다. 반면 규모가 작은 모듈 업체나 소규모 PC 회사나 모바일 업체는 현물가격에 메모리를 구입하기 때문에 가격 변동성이 높다.

두 가격의 방향성은 비슷하지만 현물가격이 장기공급가격보다 높으면 향후 메모리 가격이 상승할 가능성이 높다는 것을 보여주고, 반대로 현물가격이 장기공급가격보다 낮으면 향후 가격이 하락할 가능성이 높다는 것을 보여준다. 현재 현물 시장의 비중이 현저히 낮아졌지만 아직도 현물가격 추이는 중장기 디램과 낸드 가격을 나타내는 선행 지표 역할을 하고 있다. 하지만 과거와 같이 현물가격만을 기준으로 메모리 주식을 사고파는 것은 현재 시장의 흐름과 맞지 않다.

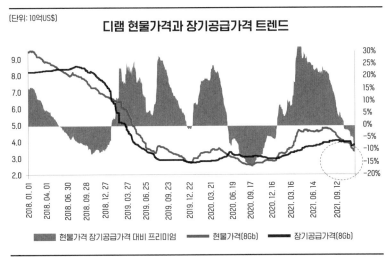

[단위: 10억US$]

디램 현물가격과 장기공급가격 트렌드

현물가격 장기공급가격 대비 프리미엄   현물가격(8Gb)   장기공급가격(8Gb)

[출처: Trendforce]

재고 추이

디램과 낸드의 재고 추이도 가격의 방향성과 상승 혹은 하락의 지속성을 판단할 수 있는 주요 지표 중 하나이다. 최근의 재고 상황을 살펴보면 재고는 코로나 후반기에 수요가 약해진 이후 2022년부터 꾸준히 증가해 2023년 1분기에 메모리 회사의 재고 규모는 역대 최대 수준에 이르렀다. 수요 감소와 계속적인 공급 증가로 인해 정상 재고 수준 대비 3배 이상 증가해 역대 최대치인 4개월치에 다다랐는데, 업계 전체가 감산에 나서지 않았다면 재고 소진에 최소한 3분기, 즉 9개월 이상 걸렸을 수도 있다.

[단위: 주, week]

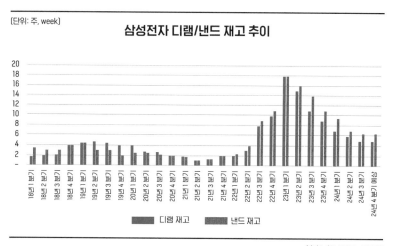

삼성전자 디램/낸드 재고 추이

[출처: 회사 자료, JP모건]

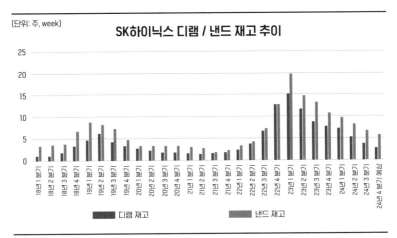

[단위: 주, week]

SK하이닉스 디램 / 낸드 재고 추이

■ 디램 재고   ■ 낸드 재고

[출처: 회사 자료, JP모건]

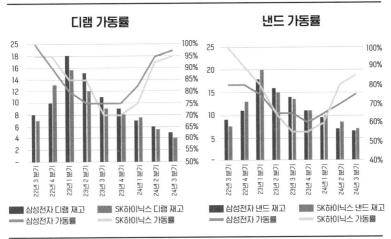

디램 가동률

낸드 가동률

■ 삼성전자 디램 재고   ■ SK하이닉스 디램 재고
■ 삼성전자 가동률   ■ SK하이닉스 가동률

■ 삼성전자 낸드 재고   ■ SK하이닉스 낸드 재고
■ 삼성전자 가동률   ■ SK하이닉스 가동률

[출처: 회사 자료]

　　모든 메모리 회사가 전격적으로 감산을 실시한 결과 2023년 1분기를 정점으로 지속적으로 재고 소진이 일어나 현재는 정상 수준인 5~7주 수

준으로 유지되고 있다.

분기별 이익

다른 기업도 마찬가지이지만 메모리 반도체 회사에 투자할 때 보는 가장 중요한 변수는 분기별 이익의 변화이다. 주가는 보통 3개월 선행하기 때문에 이익이 증가하는 시점보다 한 분기 전에 주식을 사고 이익이 떨어지는 시점, 즉 이익의 모멘텀이 떨어지는 시점보다 한 분기 전에 주식을 매도하는 전략이 잘 맞았다.

하지만 지난 몇 년 동안 바뀐 트렌드는 주가가 이익의 변동 시점보다 짧게는 6개월 길게는 9개월(3분기) 전에 반영이 된다는 것이다. 다시 말하면 이익이 성장하는 분기보다 3분기 전에 주가가 오르기 시작하고 이익이 떨어지는 분기보다 3분기 전에 주가는 이미 조정이 시작된다는 뜻이다.

여기에는 시장의 효율성이 증가되고 정보의 비대칭성이 없어지는 등의 여러 가지 이유가 있다. 하지만 가장 큰 이유는 최근 메모리 사이클 추세가 과거와 같은 4년 주기의 올림픽 사이클이 아니라 점점 짧아지고 있기 때문이라고 판단된다.

2~3년의 호황기가 아니라 1년 주기 심지어는 더 짧게 사이클이 바뀌는 게 최근 트렌드다. 참고로 반도체 시장에서 호황과 불황을 나타나는 지표는 매출 규모이다. 고정비가 높은 산업 특성상 매출의 증가는 모두 이익으로 반영되고 거꾸로 매출이 감소된 만큼 이익 규모도 줄어들게

되어 있다.

따라서 메모리 반도체 시장이 회복되기 훨씬 전에 매수하고 이익이 상승하는 중간 시점에 수익을 실현하는 전략이 더 맞게 되었다. 다른 말로 표현하면 이익이 증가하는 시점에서 수익 실현(매도)을 시작해야 하고 이익이 떨어지는 시점에서 관련 주식을 매수해야 한다. 관련된 회사의 주가는 결국 회사의 수익을 나타내는 선행 지표이고 과거보다 훨씬 짧

메모리 시장 규모 vs. 메모리 회사 주가(시장가치) 추이

(단위: 10억 US$)

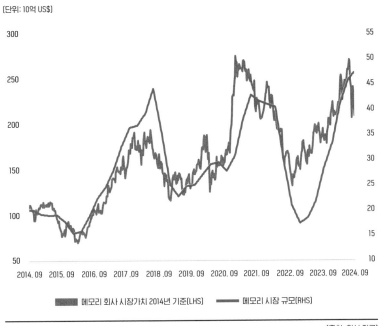

메모리 회사 시장가치 2014년 기준(LHS)   메모리 시장 규모(RHS)

[출처: 회사 자료]

아진 사이클에서 메모리 주식을 통해 수익을 얻기 위해서는 남보다 빨리 움직여야 하는 것이다.

HBM이 불러일으킨 슈퍼사이클은
어떻게 예측할 수 있는가?

현재 사이클은 HBM에서 기인한다고 해도 과언이 아니다. 사실 HBM은 닌텐도의 제안으로 시작되었다. 게임에서 중요한 그래픽 성능을 강화하기 위해 메모리 대역폭I/O, Input/Output을 늘려보자는 기획에서 GPU를 만드는 AMD와 같이 2013년에 공동 개발한 제품이었다.

하지만 고성능 그래픽 디램인 HBM이 필요할 만한 게임도 없었고 게임 외의 다른 수요처도 없었기 때문에 시장 규모는 굉장히 작았다. 심지어 2019년 삼성전자는 시장성이 없다고 판단하고 일시적으로 사업을 철수했다. 하지만 2022년에 오픈 AI의 챗GPT가 등장함에 따라 고성능 서버에 엔비디아와 AMD의 고성능 GPU가 사용되면서 HBM에 대한 수요가 폭발적으로 증가했다.

HBM은 2024년 기준으로 전체 디램 생산량의 5% 정도에 불과하지만, 디램 매출의 20% 이상을 차지하고 있다. SK하이닉스는 HBM 시장에서 50% 이상 시장점유율을 차지하고 삼성은 40% 중반, 나머지는 마이크론이 차지하고 있다. 따라서 HBM은 SK하이닉스에게 의미가 깊은 제품이다. 하이닉스가 메모리 반도체 사업을 시작한 이래 삼성전자를 넘어서 세계 1위를 한 최초의 제품이기 때문이다.

2025년에는 HBM이 디램 생산량의 10%, 전체 디램 매출의 35% 정도를 차지하리라고 예측한다. 따라서 HBM이 디램 산업 내에서 주요 제품으로 자리잡는 해가 될 것이다.

HBM은 삼성전자 디램 매출의 20%, SK하이닉스 디램 매출의 30%, 마이크론 디램 매출의 5% 정도를 차지하고 있는데, 그 비중은 2025년에 각각 30%, 46%, 11% 수준으로 증가하리라고 업계는 내다본다.

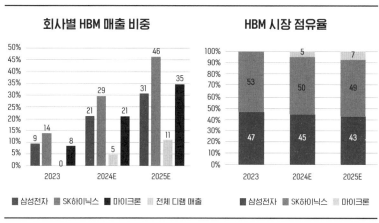

[출처: 회사 자료, Trendforce]

하지만 여기서 가장 중요한 사실은 HBM이 전체 디램 시장에서 차지하는 매출 비중이 생산량 비중보다 월등히 높은 이유는 가격 프리미엄 때문이라는 것이다.

반도체 공정은 전공정Front-end과 후공정Back-end으로 나뉜다. 전공정은 최첨단 공정을 사용해 실리콘웨이퍼에 회로를 새기는 과정이다. 기존에는 대부분의 수율 향상이 전공정에서 이루어졌고, 후공정은 전공정이 끝난 웨이퍼를 네모난 칩으로 자르고 안정적인 전력 공급을 위해 배선을 깐 후에 패키징하는 상대적으로 단순한 공정이었다.

　HBM은 기존 제품과 다르게 실리콘 관통전극TSV, Through Silicon Via 공정을 통해 구조적으로 훨씬 더 복잡한 후공정 과정을 거치기 때문에 수율도 기존 제품 대비 훨씬 더 낮은 편이다. 현재 HBM 수율은 전공정 수율이 60% 수준으로 범용 디램commodity DRAM의 전공정 수율 90% 보다 낮은 수준이고, 후공정 수율도 70% 이하라 95% 이상인 기존 제품의 후공정 수율보다 훨씬 낮은 수준이다. 따라서 추가 캐퍼 증설 없이도 전공정과 후공정 수율 향상을 통해 향후 HBM 공급은 어느 정도 증가하리라고 예상한다.

　사실 HBM만 가격 프리미엄의 영향을 받는 것은 아니다. 디램 시장의 중심축이 기존의 PC에서 모바일, 그래픽, 서버 등으로 옮겨가는 과정에서 초기 제품에는 늘 가격 프리미엄이 붙었다. 하지만 시간이 지나면 점차 가격이 하락해 범용 디램과의 가격 차이가 현저하게 줄어들었다.

　물론 HBM은 공정 자체가 복잡한 데다 대용량 메모리이고 또한 고성능 AI 서버에 사용되기 때문에 어느 정도 가격 프리미엄은 유지될 것이다. 그렇지만 지금과 같은 가격 프리미엄이 유지되기는 쉽지 않을 것으로 보인다. 따라서 메모리 사이클도 2024년을 기점으로 HBM보다는 원래 원리대로 전체적인 수급에 따라 결정될 것이라고 예측한다.

　따라서 2024년 HBM이 일으킨 호황이 이듬해까지 이어지면 디램 시장 규모는 2018년에 기록한 1,000억 달러를 넘어서는 최고의 슈퍼사이클을 이룩할 수 있을 것이다. 하지만 현재 시점에서 삼성전자와 마이크론의 적극적인 투자 확대와 수율 증가로 인한 공급 증가가 예상되기에 현재 사이클이 2025년까지 지속될지에 대해 개인적으로는 회의적이다.

앞서 언급했듯이 수급에 따라 가격이 결정되는 메모리 반도체 특성상 슈퍼사이클은 수요에 의해서만 발생하지 않는다. 공급 요인도 가장 큰 요소 중 하나이다. HBM이 촉발한 현재 호황의 주요한 원인을 살펴보면 HBM을 공급할 수 있는 업체가 SK하이닉스 하나뿐이었다는 점, 또 수율이 낮아서 공급이 제한된 탓에 가격 상승이 이루어졌다는 점을 들 수 있다 .

과거에도 새로운 제품 생산 수율 문제는 시간이 지나면 해결되었다. 점차 수율이 올라가다 결국은 범용 제품과 비슷한 수준까지 다다르게 될 것이다. 현재 HBM에서 일어나는 수율 문제는 2025년 중에 어느 정도 해소되리라고 판단되기 때문에 HBM의 가격 프리미엄도 점점 낮아질 것으로 예측된다.

사이클 기반 투자 가이드

지난 30년 가까이 반도체 사이클을 경험하고 나서 얻은 결론은 메모리 반도체는 사이클이 주기적으로 반복cyclical된다는 사실이다. 반도체 특성상 새로운 수요처가 계속 생겨날 것이다. 그리고 수요의 축이 PC에서 모바일로 바뀌었듯 향후에도 지금의 서버에서 자동차 등으로 바뀔 것이다. 하지만 수급에 따라 가격이 결정되고 가격이 메모리 사이클의 가장 중요한 변수라는 사실은 앞으로도 변함이 없으리라고 생각한다. 따라서 사이클을 판단할 때는 수요뿐 아니라 공급도 고려해야 한다. 메모리 가격의 향방이 호황과 불황의 사이클을 결정하기 때문에 수요와 공급을 고려한 메모리 가격이 가장 중요한 변수라는 사실을 주지해야 한다.

최근 HBM이라는 새로운 제품에 대한 수요가 일으킨 호황도 수요만 보지 말고 공급을 고려해 사이클의 지속성을 판단할 필요가 있다. 향후 새로운 수요처가 생길 때도 마찬가지로 공급의 변화를 반드시 살펴봐야 한다. 결국 수급에 따라 좌우되는 가격이 메모리 사이클을 결정한다는 진리는 변하지 않을 것이다.

긍정적인 측면은 공급업체 간 통합으로 디램에서는 3개 업체가 향후에도 시장 지배력을 유지하리라고 예상된다는 점이다. 지난 수십 년의 메모리 사이클 경험을 바탕으로 보았을 때, 3사가 투자의 방향성과 타이밍을 합리적으로 판단해 시장을 주도해가길 바란다.

반면 낸드 쪽은 아직 공급업체 간의 통합이 필요한 상황이라 업체 간 통합이 어느 정도 마무리될 때까지는 디램 대비 성장성이나 수익성은 낮을 것으로 예상된다.

앞서 언급했듯이 과거보다는 메모리 사이클이 짧아지고 불규칙적이기 때문에 메모리 반도체 주식에 투자할 때는 역발상 투자가 필요하다. 메모리 가격 하락이 시작된 시점에 관련된 주식을 매수하고 가격이 오르는 시점에 매도하는 전략도 필요하다. 메모리 사업 특성상 호황기에는 주가가 2배 이상 오르고 불황기에는 주가가 50% 이상 떨어질 수 있기 때문에 사이클 초기에 선투자해서 생긴 잠정적 손실은 충분히 만회할 수 있다고 판단한다.

메모리 회사의 시장가치 변화, 즉 주가 움직임을 보면 메모리 시장 규모의 가장 중요한 변수인 메모리 가격(예: 디램 가격)의 연간 변동률과 비슷한 움직임을 보이고 있다. 다음 페이지의 차트에서 볼 수 있듯이 메모리 회사 시장가치는 이미 떨어지고 있지만 디램 가격의 연간 변동률은 아직 계속 오르고 있는 상태이다. 따라서 디램 가격이 오르고 있는 상태에서 수익을 실현하는 것이 현재 사이클에서는 더 적합한 투자 전략이라고 할 수 있다.

비메모리 반도체주에 대한 투자는 메모리 반도체주에 대한 투자와 조금 다르다고 할 수 있다. 물론 큰 틀에서 대부분의 반도체 회사는 사이클에 따라 같은 방향으로 움직이지만, 비메모리는 공급보다는 수요 측면

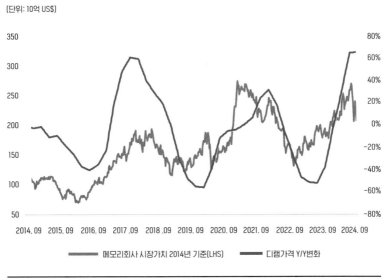

메모리 회사 시장가치(주가)의 선행 변수(디램 가격 연간 변동률)

[단위: 10억 US$]

350   80%
300   60%
                40%
250   20%
200   0%
150   −20%
                −40%
100   −60%
50   −80%

2014. 09 2015. 09 2016. 09 2017 .09 2018 .09 2019. 09 2020. 09 2021. 09 2022. 09 2023. 09 2024. 09

── 메모리회사 시장가치 2014년 기준(LHS)　　── 디램가격 Y/Y변화

[출처: Trendforce, WSTS]

이 훨씬 더 중요하다. 새로운 수요처가 등장하면 기존의 선두 업체가 밀려나고 새로운 강자가 등장한다. 과거 인텔에서 퀄컴으로, 그 후 엔비디아, AMD 등으로 시장을 주도하는 강자가 바뀌었듯이, 비메모리 시장에는 공급업체 간 통합이 이루어진 덕분에 삼성전자, SK하이닉스, 마이크론이 지배하는 메모리 시장과 달리 계속 새로운 강자가 출현할 것이다.

따라서 신규 수요와 관련된 새로운 강자를 파악해 투자하는 것도 필요하지만, 앞서 말한 모든 비메모리 반도체 회사를 고객으로 둔 TSMC 같은 파운드리 회사나 필라델피아 반도체 지수 같은 대표적인 반도체

필라델피아 반도체 지수(SOX, Semiconductor Sector Index)

미국 내 증권거래소에 상장된 반도체 관련 기업 30곳을 시가총액 방식으로 묶은 지수다. 이 지수는 30개의 대표적인 반도체 관련주를 포함하고 있어 반도체주의 가격 동향을 읽을 수 있도록 해준다. 미국 증시에 상장된 반도체 기업 중 시가총액 기준으로 상위 30개사가 이 지수에 포함된다.

회사를 포함한 지수Index에 투자하는 것도 추천한다.

결론적으로 사이클을 예측하는 것은 반도체 전문가들에게도 힘든 영역이고 무수한 변수가 존재한다. 따라서 다수의 의견을 따르는 것보다 반도체 시장이 암울할 때 투자하고 반도체 사이클이 장밋빛 전망일 때 수익을 실현하는 것이 반도체주 투자로 돈을 잃지 않는 방법이라고 생각한다.

PART 2

반도체 애널리스트 JJ Park

1

외국계
애널리스트의 세계

애널리스트가 된 계기

삼성동 하이닉스에서 여의도 증권사로

1998년 내가 하이닉스에서 IR 담당자로 근무할 때 증권사 애널리스트의 콘택트포인트Contact point(관계사 담당자)가 되었다. 그 일이 하이닉스에서의 직장생활을 마감하고 증권사 애널리스트가 되는 계기가 될 줄은 상상도 못 했다.

내가 이 업무를 맡게 된 사정은 이렇다. 당시 외국계 증권사가 한국에 지점을 열면 주로 미국이나 캐나다 교포들이 외국계 증권사에서 애널리스트로 일했다. 그들은 우리말이 서툴렀던 탓에 주로 영어로 커뮤니케이션을 해야 했다. 그때 영어가 되면서 재무 자료를 이해하고 분석하는 업무를 할 수 있는 사람이 국제금융팀 IR 담당자 가운데 그나마 나밖에 없었다. 그런 연유로 외국계 애널리스트나 외국 투자자와의 연락은 대부분 내가 담당하게 되었다.

또한 반도체 시상에 대한 자료 등은 메모리 사업부에서 받아야 하는데, 같은 회사라 해도 타 사업부에 자료 유출을 꺼리는 경우가 많았다. 하지만 나는 메모리 마케팅 부서에 근무한 적이 있어서 나름대로 쉽게 자료를 받아 볼 수 있었다. 그래서 다수의 애널리스트들이 삼성전자나 LG반도체 IR 담당자가 아니라 나에게 하이닉스 상황뿐 아니라 반도체 업계 전반에 대한 질문도 많이 하고 미팅 요청도 많이 하곤 했다.

반도체 섹터를 담당하는 외국계 증권사 애널리스트와 얘기하다 보면 여러 가지 생각이 일어 혼란스러웠다. 반도체 산업이나 금융에 대한 지식이 그리 해박하지 않은 것 같은데도 외국계 증권사에서 애널리스트로 일하면서 월급도 많이 받고 좋은 처우를 받는 것 같았기 때문이다. 그래서 나도 애널리스트가 될 수 있지 않을까 하는 생각이 들었다. 또한 IR 담당자는 본인의 의견을 내세우기보다 회사가 결정한 전략이나 방향을 외부 투자자나 애널리스트한테 전달하는 역할이 주된 업무인 데 비해, 증권사 애널리스트는 본인의 분석과 판단으로 자기 목소리를 낼 수 있다는 점이 상대적 매력으로 다가왔다.

그 시절 국내에서 애널리스트는 희소성이 있는 직업이었고 그동안 국제금융팀 IR 담당자로 일하면서 금융시장의 흐름을 분석하는 일에 몰입한 경험이 있었기에 애널리스트가 적성에 맞는 분야라는 생각이 들어 도전해보고 싶은 마음이 생겼다.

마침 그때 신한투자증권의 전신인 굿모닝증권에서 반도체를 담당하던 애널리스트가 리서치 헤드(기업분석팀 팀장)로 승진하면서 본인이 눈여겨봤던 나를 본인 자리에 추천했다. 그렇게 해서 나는 2001년 9월 굿모닝증권에서 증권사 애널리스트로서 첫걸음을 내디뎠다.

그런데 첫 출근을 하기 바로 전 주에 대사건이 일어났다. 회사에 나를 추천해준 리서치 헤드와 같이 호프집에서 맥주를 마시다가 TV에서 비행기가 뉴욕에 있는 세계무역센터WTC 쌍둥이 빌딩에 부딪치는 장면을 봤다. 처음에는 영화의 한 장면인 줄만 알았다. 바로 911테러 사건이었다. 회사에 출근하자마자 전 세계 주식시장이 폭락하는 광경이 펼쳐졌다. 증권사에서의 첫 시작은 악몽이었다. 아침에 출근하면 시장이 폭락하는 과정을 그냥 지켜보는 게 일이었다.

2001년 9월 11일 테러로 뉴욕의 세계무역센터가 붕괴되었고 한국 코스피는 9월 12일 하루 만에 12%가 하락했다. 9월 11일 이후 미국 주식 시장은 4거래일간 폐쇄되었고, 다시 열었을 때 일주일 동안 다우존스 산업 평균 지수는 14% 넘게 하락했다.

다우존스 산업 평균 지수(DJIA, Dow Jones Industrial Average)

미국 다우존스사에서 발표하는 주가 지수로, 미국 증권거래소에 상장된 30개의 우량 기업 주식 종목들로 구성되어 있다. 다우 지수 혹은 DJIA 등으로 부른다.

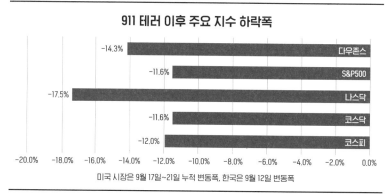

911 테러 이후 주요 지수 하락폭

- 다우존스 -14.3%
- S&P500 -11.6%
- 나스닥 -17.5%
- 코스닥 -11.6%
- 코스피 -12.0%

미국 시장은 9월 17일~21일 누적 변동폭, 한국은 9월 12일 변동폭

[출처: 인베스팅닷컴]

그때 여의도로 매일 7시까지 출근했는데, 아침마다 열리는 모닝미팅에서 트레이더가 전날 미국과 유럽 시장에 대해 브리핑을 했다. 세일즈, 리서치, 트레이더 등이 큰 미팅룸에 모여 그날 주식시장 방향과 관련된 회사들에 대해 주식시장이 열리기 전에 논의하는 일이 나름대로 신기하고 새로웠다. 그게 나의 23년에 걸친 애널리스트 생활의 시작이었다.

굿모닝증권에 입사해 가장 먼저 한 일은 메모리 반도체 시장에 대한 심도 있는 보고서In-depth report와 삼성전자와 하이닉스 반도체에 대한 커버리지 시작을 하는 이니시에이션 리포트Initiation report(애널리스트가 특정 주식의 분석을 시작할 때 쓰는 첫 번째 리포트)를 작성하는 일이었다. 130페이지가 넘는 영문 리포트를 다 쓰고 오타와 숫자를 체크하는 데 두 달이 넘게 걸렸다.

911테러 이후 폭락했던 주식시장이 빠르게 회복되면서 삼성전자 주가도 급격하게 올랐다. 때문에 리포트를 완성하고 목표주가Target Price(애널리스트가 예상하는 미래 특정 시점의 적정 가치)를 산정하면 이미 현 주가가 목표주가보다 높아지는 바람에 계속 목표주가를 올리고 그에 따라 다시 리포트를 수정하고 리뷰하는 과정을 반복해야 했다. 참고로 목표주가를 다시 산정하는 일은 그냥 숫자만 바꾸는 데서 그치는 것이 아니라, 리포트 안에 실적 추정치, 밸류에이션, 관련된 표와 차트 등 정말 많은 내용을 수정해야 한다. 또 오자가 있는지 확인하는 데도 시간이 오래 걸린다.

오랜 애널리스트 생활을 하면서 깨달은 사실은 목표주가는 예술art이지 과학science이 아니라는 점이다. 다른 말로 표현하면 코에 걸면 코걸

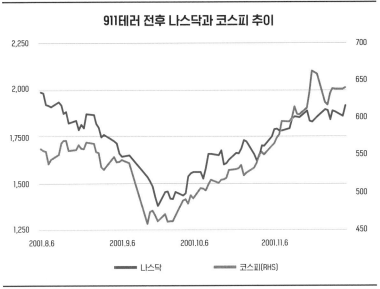

911테러 전후 나스닥과 코스피 추이

[출처: 인베스팅닷컴]

이고 귀에 걸면 귀걸이가 되는 것이라 정확성이 떨어진다는 얘기다. 목표주가는 주가의 방향성과 애널리스트의 확신을 어느 정도 나타내는 요소일 뿐 절대적인 의미는 없다. 따라서 시장에서 얘기하는 목표주가는 그렇게 중요하지 않다. 가장 중요한 것은 애널리스트가 자신이 정한 목표주가에 대해 얼마나 확신을 품고 있느냐는 점이다.

이에 대한 판단을 내리려면 애널리스트 리포트를 계속 읽으면서 그 애널리스트의 성향을 알아야 하고 직접 애널리스트와 미팅을 해서 뉘앙스(미묘한 차이)를 알아채야 한다. 따라서 개인 투자자들은 언론에 나오는 표면적인 목표주가를 신뢰하면 안 된다. 그리고 대부분 애널리스트들의 목표주가는 "Moving Target(움직이는 목표)"이다. 주가가 오르면 목표주가도 따라서 올리고 반대로 주가가 떨어지면 경쟁적으로 목표주가를 낮춘다. 그래서 목표주가에 대한 신뢰성이 높지는 않다.

따라서 애널리스트가 산정한 목표주가의 절대치보다는 목표주가를 바꾼 배경과 애널리스트의 성향, 그 애널리스트에 대한 시장의 신뢰도 등 다양한 요소를 고려해 판단해야 한다. 앞서 얘기했듯이 주가가 오르면 따라서 목표주가를 올리고 거꾸로 주가가 떨어지면 목표주가를 하향조정하는 것은 기업의 상황을 뒤늦게 반영하는 경우이기 때문에 목표주가의 신뢰성이 떨어진다.

일반 투자자 입장에서 애널리스트에 대한 신뢰도를 판단할 수 있는 방법 중 하나는 시장 대비 애널리스트의 차별성이다. 삼성전자를 예로 들어보자. 모든 애널리스트가 매수를 외칠 때 혼자 합리적인 논리를 바탕으로 중립이나 매도를 추천한 사례가 있다. 또 매수 의견이지만 다른 애널리스트들과 달리 목표주가를 주가가 오르면 같이 따라서 올리는 것이 아니라 아직 목표주가가 현 주가보다 한참 위에 있는데도 더 높은 목표주가를 제시한 사례도 있다. 이런 예들이 시장에서 수많은 애널리스트 대비 차별성과 확신성을 보여주는 사례라고 할 수 있다.

애널리스트는 어떤 일을 하는가?
외국계 애널리스트의 하루 일과와 다양한 에피소드

애널리스트의 뜻을 찾아보면 '증권회사나 경제연구소에서 주식종목 및 경제 시황 따위를 분석하는 전문가'라고 되어 있다. 사실 이건 애널리스트 일의 본질을 잘 모르고 하는 얘기다. 애널리스트가 일하는 시간의 총합이 100이라고 하면 주식 분석에 들어가는 시간은 10 이하다.

애널리스트는 업무 시간의 대부분을 자기가 담당하는 회사 혹은 관련된 산업에 대해 분석하는 데 할애한다. 애널리스트는 해당 산업에 대한 지식을 바탕으로 경쟁사 분석, 제품이나 기술 파악, 경영진 프로필, 회사의 손익과 재무 정보 등 회사의 현재 상황을 분석하고 이를 수치화해 매출과 손익을 추정한 후 그 추정치를 바탕으로 목표주가를 산정한다. 사실 이런 작업은 주식 분석과는 전혀 연관성이 없다. 말 그대로 산업과 기업을 분석하는 일이다.

이 작업을 마치고 나서야 목표주가와 현재 주가의 차이를 바탕으로 매수, 중립, 매도를 추천한다. 회사의 적정 가치(목표주가)가 현재 주가보다 현저히 높으면 매수, 현저히 낮으면 매도, 비슷한 수준이면 중립 의견을 낸다.

개인 투자자는 대부분 현재의 주가와 과거의 주가 흐름을 기준으로 의사 결정을 한다. 현재 주가가 과거 주가 대비 얼마나 떨어졌는가를 보고 많이 떨어졌으면 과매도라고 생각해 주식을 매수하고, 많이 올랐다고 생각하면 주식을 매도하는 거래를 한다. 하지만 현재 주가는 과거 주가의 흐름과 관련 없이 현재 상태에서 미래의 기업가치를 반영하는 것이다.

현재 주가가 과거 주가 대비 2배 올랐나거나 반토막 났다는 것은 미래의 주가 움직임과는 관련성이 없는 일이다. 따라서 주가를 보고 주식을 사고파는 의사 결정을 내리는 일 자체가 회사의 적정 가치를 무시하고 과거의 주가, 즉 현재의 주가와 관련이 없는 변수를 가지고 투자 결정을 하는 오류를 범하는 것이다.

현재 주가는 회사에 대한 분석을 끝낸 후 해당 주식에 대한 추천 여부를 정하는 벤치마크로 사용될 뿐이다. 좋고 나쁜 회사는 하루아침에 바뀌지 않지만 좋고 나쁜 주식은 매일 바뀔 수 있다. 좋은 회사가 꼭 좋은 주식은 아니다. 아무리 좋은 회사라도 주가가 계속 하락하면 나쁜 주식이고 그 반대 경우도 성립된다.

예를 들어 삼성전자는 좋은 회사지만 지난 몇 년 동안 좋은 주식은 아니었다. JP모건 리서치팀 직원들에게 늘 강조해서 하는 말이 있다. 주식을 분석할 때는 주가를 보지 말고 일단 회사의 펀더멘털Fundamental(해당 기업의 성장 가능성, 재무 상태, 경영진의 역량, 시장점유율 등 기업의 내재 가치)을 기준으로 수익을 추정하라. 그런 다음 그것을 바탕으로 목표주가를 산정한 이후 현재 주가를 보고 매수, 중립, 매도를 결정하라. 따라서 매수, 매도 추천을 정하는 것은 정말 단순한 논리이고 시간이 오래 걸리는 일이 아니다.

주가를 보고 회사를 분석하게 되면 계속 주가가 오르는 회사는 무조건 좋아 보이고 주가가 떨어지는 회사는 나빠 보이는 심리에 빠져들기 쉽기 때문에 회사의 펀더멘털과는 관계없이 그 회사 주식을 추천하는 오류를 범할 수 있다. 간단히 얘기하면 과거의 주가 흐름이 미래의 주가 흐름을 대변하는 것은 아니다.

애널리스트 생활의 시작

반도체 애널리스트로서 국내 증권사에 들어가 첫 해외 마케팅을 금융의 중심지 뉴욕에서 했다. 당시 미국에 있던 세일즈가 굉장히 공격적으로 영업을 해서 911테러가 발생하고 얼마 지나지 않은 시기에 뉴욕에 있는 투자자들과 미팅을 잡았다. 다른 증권사 애널리스트들은 두려워서 뉴욕에 가지 않으니 이럴 때 투자자 미팅을 해야 더 효과적이라는 논리에 미국 출장길에 올랐다.

뉴욕 맨해튼에는 아직 911테러의 여파가 남아 있었다. 도시는 먼지로 가득했고 투자자 사무실에 갈 때마다 공항 보안검사보다 몇 배나 엄격한 최고 수준의 보안검사를 받았다. 휴대폰은 물론 어떤 전자기기도 건물 안에 가지고 들어갈 수 없었고 지갑이나 필기도구도 소지할 수 없었다. 심지어는 프레젠테이션 자료를 바인딩할 수도 없어서 낱장을 스테이플로 철해서 가지고 다녀야 했다. 미팅 시간보다 건물 안에 있는 투자자 사무실로 올라가기 위해 보안검사를 받는 데 걸리는 시간이 더 길 정도였다.

당시 나는 하이닉스 메모리마케팅본부와 국제금융팀에서 일하면서 메모리 시장에 대해 누구보다 잘 안다고 자부했었다. 많은 증권사 애널리스트들이 하이닉스뿐 아니라 메모리 시장과 경쟁사에 대해 나에게 의견을 자주 물어오곤 했으니 영 근거 없는 자부심은 아니었던 셈이다.

그런데 처음 애널리스트 생활을 시작한 시기에 갔던 미국 출장에서 큰 충격을 받는 일이 일어났다. 미국에서 미팅 중 몇몇 투자자가 "한국 증권회사에 일본이나 대만 반도체를 담당하는 애널리스트가 있느냐?"고 물어보자 없다고 답했다. 그랬더니 "해외 반도체 회사를 담당하는 애널리스트도 없으면서 네가 어떻게 전 세계 반도체 시장의 수급에 대해 애기하느냐"며 "네가 만든 자료는 믿지 못하겠다"고 했던 일이 지금도 잊히지 않는다.

하이닉스를 나온 지 얼마 안 된 시기라 사실 자료 대부분이 하이닉스에서 얻은 경험치를 기반으로 작성한 것이었기에 당시 반도체 시장을 가장 잘 반영한 최신 자료였는데, 국내 증권사 애널리스트라는 꼬리표 하나로 투자자 미팅에서 처참하게 무시당했던 것이다.

물론 지금은 국내 증권사도 정보를 얻을 수 있는 채널이 다양하고 국내 증권사 애널리스트들 역시 직접 관련된 해외 반도체 회사의 실적 발표에 온라인으로 참석해 충분한 정보를 얻을 수 있지만, 그때는 지금과 상황이 많이 달랐다.

그 일을 계기로 국내 증권사의 한계를 느끼고 외국계 증권사로 옮겨야겠다고 결심하고 계속 문을 두드렸다. 그러다 하이닉스에서 IR 담당자로 일할 때 주기적으로 연락을 했던 ING베어링증권(현 맥쿼리증권) 반도체 애널리스트가 리서치 헤드로 가면서 자기 자리에 나를 추천했다. 하이닉스 근무 당시 내가 열심히 일하는 모습을 지켜봤고 금융이나 반도체 관련 지식이 풍부하다고 평가해서였다. 인복이 있어서인지 신한투자증권, 또 JP모건으로 이직할 때도 다 하이닉스 IR 담당자로 일하던 시절 나와 연락했던 반도체 애널리스트의 추천을 받아서 옮기게 되었다.

모든 애널리스트가 열심히 일하고 기업 분석에 차별화와 깊이를 주려고 노력하지만, 나의 가장 큰 차별화 포인트는 컨센서스consensus(시장의 예상치) 대비 다방면에서 차이를 두기 위해 노력했다는 점이다. 시장의 예상치는 다양한 형태로 존재한다. 예를 들어 분기별 실적, 주가의 방향성, 향후 실적 예측치 등이다. 어떻게 보면 색안경을 쓰고 시장 기대치의 허점을 보기 위해 노력했는데, 이런 노력들이 시장에서 차별화된 애널리스트로 인정받게 된 계기가 된 듯싶다. 팀원들에게 자주 하는 조언 중 하나가 컨센서스를 형성하기 위해 존재하는 수많은 애널리스트 가운데 하나가 되지 말라는 얘기다. 어떤 방식으로도 다른 애널리스트와 차별화를 못 하면 결국 시장에서 도태되게 마련이다.

그래서 지금도 신입사원들이 회사에 들어오면 내가 어떻게 JP모건에 오게 되었는지 그 과정을 얘기해준다. 또 자기 자리에서 최선을 다하다 보면 결국 기회는 오고 본인이 원하는 방향으로 나아갈 수 있다는 조언을 건네곤 한다. 직장 생활을 막 시작한 사회 초년생들이 학교 생활과 직장 생활의 차이에 잘 적응하지 못하고 본인이 하는 일이 자기한테 맞는지 확신이 없어 고민을 하는 경우를 꽤 많이 보았다.

직장 선배로서 꼭 해주고 싶은 말은 자기가 하는 일에 대한 지식을 많이 쌓는 것도 중요하지만 결국은 새로운 일에 대처하고 그것을 풀어나가는 과정을 통해 본인의 가치를 높이는 것이 더 중요하다는 것이다. 그런 마음가짐으로 계속 일을 해나가다 보면 능력치가 쌓이게 되고 출발점이 같았던 동기들보다 훨씬 더 앞서 나갈 수 있다.

2002년 8월 드디어 목표로 삼았던 글로벌 금융회사인 JP모건에 입사하게 되었다. 첫 출근 전날인 일요일에 짐을 갖다놓으려고 JP모건 사무실에 갔는데 주말이라 에어컨도 틀지 않아서 한여름에 땀을 뻘뻘 흘리면서 짐을 옮겼던 기억이 있다. 앞으로 20년 넘게 일할 회사에 처음으로 발을 내디딘 날이었는데, 사실 그때는 내가 JP모건에서 30대, 40대, 50대를 보내며 21년 넘게 일하리라고는 상상도 못 했다.

애널리스트 생활 @ JP모건

벌지 브래킷Bulge Bracket(전 세계 고객을 대상으로 유가증권 인수, 자금 조달 주선, 인수합병 등 투자은행 분야의 모든 서비스를 제공하는 글로벌 투자은행) 중 하나인 JP모건에 입사를 하고 나서 처음부터 모든 일을 척척 해내지는 못했다. 그때만 해도 영어가 아주 유창하지는 않았고 200년 넘는 역사를 자랑하는 세계 최고의 금융회사 JP모건의 시스템과 문화에 이질감을 많이 느꼈기 때문이다.

모든 것이 시스템을 통해 돌아가는 데다 투자회사지만 위험 관리와 보안을 극도로 중시하며 성과 위주인 JP모건 문화 자체가 정말 생소했다. 또한 상사 대부분이 외국 사람이고 한국이 아니라 홍콩, 싱가포르, 뉴욕 등에서 일을 하기 때문에 대면 미팅보다는 전화를 통한 대화 위주로 소통이 이루어졌다. 한국말로도 상대방의 의도를 알기 힘든데 영어로 목소리만 듣고 여러 나라 사람들과 대화하면서 상대방이 얘기하는 포인트를 잡는 일은 쉽지 않았다.

내부나 외부에 이메일 하나를 보낼 때마다 혹시 단어 선택이 틀리진 않았는지 잘못된 수신자한테 보내는 건 아닌지 두세 번 체크를 했다. 특히 애널리스트는 업무상 분석 관련 리포트를 많이 써야 하는데, 그마저도 영어로 써야 하니 리포트를 쓸 때마다 다른 사람들보다 두세 배 시간이 걸렸다.

그래서 리포트를 작성할 때 텍스트 기반보다는 분석에 초점을 두고 차트나 표를 통해 애널리스트로서 전달하고 싶은 메시지를 계량화하려고 노력을 했다. 늘 리포트에 최소한 한 개 이상의 킬러차트Killer chart를 넣는 것이 목표였다. 차트나 표 하나만 보더라도 전체 리포트의 메시지를 알 수 있는 것이 킬러차트다. 나만의 차별화 포인트였다.

또한 투자자들과 콘퍼런스 콜이 정말 많았는데 혹시 내가 하는 얘기를 못 알아들을까 봐 늘 발음이나 단어 선택에 신경을 썼고, 투자자의 질문을 내가 못 알아들을까 봐 긴장하고 집중해서 들으려고 노력했다. 투자자들은 전 세계에 분포되어 있었고 공통 언어인 영어로 대화하기 때문에 미국인이나 영국인 같은 원어민뿐 아니라 인도, 싱가포르, 홍콩, 중국, 대만, 일본, 아랍, 유럽 등 전 세계인이 구사하는 다양한 액센트를 잘 알아들어야 했다. 요즘 JP모건 같은 외국계 증권사에 들어오는 직원들을 보면 어릴 때 해외에서 자랐거나 외국에서 학교를 나온 친구들은 물론이고 한국에서 자라고 한국 학교만 다녔던 친구들도 정말 영어를 잘한다.

JP모건에서 나를 뽑았던 인도인 보스는 그 당시 아시아 지역 IT 헤드였고 정말 잘나가는 애널리스트였다. 그때 보스가 나를 뽑은 이유는 한국의 주요 IT 회사를 본인이 담당하고 싶었지만 직접 할 시간은 없었던 상황에서 내가 시니어 애널리스트이면서도 네임 밸류가 낮아 위협 요소가 적다고 판단했기 때문이 아닐까 싶다.

JP모건의 애널리스트는 매일 아침 7시 정도에 각 나라별로 모닝미팅 Country morning meeting을 하며 하루를 시작한다. 그리고 한국 시각 8시 15분, 홍콩 시각 7시 15분(홍콩이 한국보다 1시간 늦음)에 열리는 아시아 지역의 지역별 모닝미팅Regional morning meeting에서 그날 이 지역에서 나온 리포트 중 중요한 사항을 애널리스트가 직접 발표한다. 아시아 지역 모닝미팅에는 아시아에 사무실이 있는 직원들이 참석한다. 보통 200명 정도 참석하는데 일하는 지역이 서로 다르기 때문에 많은 사람들이 화상이나 전화로 들어온다.

　내가 해외 출장 중일 때는 시차 때문에 내가 직접 지역별 모닝미팅에서 발표할 수 없으니 인도인 보스가 마치 자기가 쓴 리포트처럼 발표를 했고 모든 리포트에 본인의 이름을 넣으라고 요구했다. 출발점이 너무 달랐고 회사 내부에서도 인도인 보스를 더 신뢰하니 나는 어떤 식으로든 존재감을 높여야 했다. 그래서 나는 미국이든 유럽이든 출장을 가서도 새벽에 알람을 맞춰 일어나 지역별 모닝미팅에 참석해 발표를 했다. 이런 노력이 반복되자 회사에서 나의 가치를 차차 인정하게 되었고 점점 더 많은 사람들이 보스가 아니라 나를 찾기 시작했다.

　지역별 모닝미팅이 열리는 시각은 다음과 같다. 아시아 지역 모닝미팅은 홍콩 시각 오전 7시 15분, 즉 한국 시각 오전 8시 15분, 유럽 지역은 런던 시각 오전 7시 15분, 즉 한국 시각 오후 3시 15분, 미국 모닝미팅은 뉴욕 시각 오전 7시 15분, 즉 한국 시각 오후 8시 15분에 열린다.

　그래서 JP모건 입사 후 10년 이상 평일에 저녁 약속을 잡은 기억이 없다. 빠질 수 없는 약속이라면 식사만 간단히 하고 뉴욕 모닝미팅에 참석하기 위해 다시 사무실로 복귀하는 일이 비일비재했다.

중요한 리포트가 나온 날은 보통 40~50명의 투자자에게 직접 전화를 걸어 리포트 내용을 설명하고 왜 이 주식을 사거나 팔아야 하는지 납득시키고 그 투자자가 JP모건 창구를 통해 거래하게끔 만들어야 한다. 정말 하루 종일 전화기를 붙들고 투자자들을 설득하고 동시에 이메일로 투자자들의 요청사항 등에 대한 답변 자료를 작성해 보내야 한다. 애널리스트 생활을 하면서 가장 크게 향상된 능력이 바로 멀티태스킹Multi-tasking이다. 투자자들과 전화를 하면서 이메일을 체크하고 동시에 리포트도 작성하는 데 이골이 났다.

애널리스트의 주 업무 중 하나는 어떤 이벤트나 뉴스 혹은 오랜 기간 조사(리서치)에 근거해 리포트를 작성한 다음 이를 기반으로 특정 회사 주식이나 관련 산업 주식을 사거나 팔라고 투자자에게 추천하는 일이다. 증권사 애널리스트, 세일즈, 트레이더 등이 애널리스트 리포트를 바탕으로 전 세계 투자자에게 피치Pitch(설득, 투자 조언)해서 우리가 추천한 주식을 JP모건 창구를 통해 거래하게 만드는 것이다.

따라서 외국계 증권사, 특히 JP모건 같은 회사가 주식시장에 미치는 영향력은 정말 크다. 그렇기 때문에 모닝미팅은 전쟁터와 같다. 애널리스트의 아이디어를 세일즈나 트레이더가 반박하고 정말 벼랑 끝까지 몬다음 납득할 만한 대답을 얻어낸다. 그런 과정을 통해 확신이 생겨야 세일즈와 트레이더들이 그 아이디어를 투자자에게 전달해 비즈니스를 성사시키는 것이다. 물론 애널리스트들도 투자자들에게 이메일이나 전화 등을 통해 그날의 아이디어를 전달하고 주문을 받아야 한다.

나를 뽑은 인도인 보스는 2008년 글로벌 금융위기 때 회사에서 나가게 되었는데, 내가 그 자리를 물려받았다. 함께 일하는 동안에는 너무 힘들었고 원망도 많이 했지만, 지금의 내가 있게 된 데는 보스에게 물려받은 자리에 대한 책임감과 더불어 보스가 나를 채찍질하고 끊임없이 경쟁하게 만들었던 일이 크게 작용한 듯싶다.

분기 실적 발표

애널리스트에게 중요한 업무이면서 반복되는 일 중 하나가 분기 실적 발표 관련 업무다. 옛날에는 오프라인으로 여의도 증권거래소에서 경영진들이 지난 분기 실적에 대한 설명과 함께 다음 분기에 대한 가이던스를 발표했다. 그러면 애널리스트는 경영진의 설명을 듣고 사무실로 돌아와 회사 IR 담당자에게 추가적인 질문을 던져 답변을 듣고 실적추정모델(실적 추정을 위해 만든 엑셀 자료)을 업데이트하고 리포트를 쓰기 시작한다. 리포트에는 실적에 대한 설명과 실적을 반영한 향후 추정치를 업데이트하고 목표주가를 바꾸고 주가에 대한 방향성Action point, 즉 매수, 중립, 매도를 제시해야 한다.

옛날에는 기업들이 직접 강당에 모여 실적 발표를 했기 때문에 발표가 끝나고 사무실에 돌아오면 밤 8시부터 일을 시작할 수 있었다. 실적 발표는 주로 주식시장이 마감된 후에 하기 때문에 보통 4시나 5시에 시작해 2시간 정도 진행되었다. 삼성전자같이 사업부가 복잡하고 큰 회사의 경우 애널리스트가 실적추정모델을 업데이트하고 리포트를 마치면

대개 다음날 새벽 3~4시쯤에야 일이 끝났다.

보통 외국계 증권사는 애널리스트당 15개 정도 회사를 담당하기에 분기 실적 발표 시즌 때는 정말 새벽까지 일하고 집에 가서 샤워만 하고 다시 출근하는 생활이 되풀이되었다. 초반에는 사무실에 침낭 세트를 놔두고 새벽에 일이 끝나면 사무실 바닥에서 잠깐 자고 모닝미팅에서 발표를 하고 회사 근처 사우나에 가서 간단히 씻고 그날 나오는 실적 발표에 대해 준비하는 과정을 반복하기도 했다.

애널리스트 생활 초기에는 실적 발표 시즌을 기대했다. 열심히 공부해서 치른 시험의 답안지를 맞춰보는 느낌이었다. 내가 예상한 실적과 실제 실적이 얼마나 일치하고 다른 애널리스트 대비 내가 예상한 실적치가 얼마나 정확한지를 파악하는 기회가 분기 실적 발표였고, 나름대로 시험을 잘 봤다고 생각하고 실적 발표날을 기다리곤 했다.

분기 실적 발표 기간을 제외하면 그 외의 업무 시간은 대부분 각각의 애널리스트가 주제를 잡아 관련된 보고서Thematic report(산업 트렌드나 회사와 관련된 새로운 주제에 대해 쓰는 보고서)를 준비하고 투자자의 요청사항에 대해 답변을 하는 일로 채워진다. 중간중간 담당하는 회사나 관련된 경쟁사에 관한 뉴스 등이 나오면 그에 대해 리포트를 쓰는 일도 종종 있다.

특히 IT 애널리스트는 다른 섹터 대비 관련된 회사가 국내에 한정되어 있지 않고 글로벌 회사가 많이 있다. JP모건의 경우 매주 전 세계 IT 애널리스트들이 화상으로 참여해 담당 회사들에 관한 데이터와 산업 쪽에서 들은 뉴스 등을 공유하는 미팅을 갖는다.

1시간 정도 진행되고 다른 나라 IT 회사들의 최신 동향을 듣고 궁금하거나 확인이 필요한 내용 등을 직접 물어보고 같이 협력해 리포트를 쓰는 등 협업을 할 수 있는 좋은 기회이다. 이런 정보는 미디어를 통해서는 알 수 없는 것이라 애널리스트 입장에서는 차별화할 수 있는 요소 중 하나이다.

매일 모닝미팅이 끝나면 시장 상황 등을 체크하기 위해 주로 〈블룸버그Bloomberg〉(24시간 경제 전문 뉴스를 서비스하는 미디어 그룹)에서 나오는 뉴스를 체크하고 국내 매체는 〈한국경제〉와 〈매일경제〉 신문을 주로 보았다. 실시간 뉴스로 제일 즐겨보는 매체는 〈머니투데이〉여서 〈블룸버그〉 창과 더불어 〈머니투데이〉 창을 모니터에 띄워놓고 주기적으로 체크했다.

대부분의 외국계 증권사는 블룸버그에 많이 의존한다. 데일리 뉴스뿐 아니라 주가나 회사 재무 정보에 대한 자료를 엑셀로 쉽게 다운로드해 볼 수 있기 때문에 애널리스트한테는 필수적인 조사 도구이다.

실시간으로 뉴스를 체크해야 하는 트레이더의 경우 이메일이 아니라 블룸버그챗Bloomberg message을 통해 투자자와 모든 대화를 하고 내부적으로도 회사 이메일을 이용하지 않고 블룸버그 메일을 이용할 정도여서 거의 블룸버그와 같이 생활한다고 해도 과언이 아니다.

리포트와 관련된 일을 제외하고 가장 많은 시간을 할애하는 것은 해외 마케팅이다. 특히 실적 발표 이후에는 전 세계를 돌아다니면서 해외 투자자들을 만나서 담당하는 회사의 실적에 대한 설명과 향후 주가 방향 등을 설명한다. 따라서 실적 발표 시즌이 끝나면 주말에 짐을 싸서 출장을 떠나는 것이 일상이 되었다.

애널리스트로서 힘들었던 시기: 글로벌 금융위기

애널리스트 생활 중 여러 번 위기가 있었고 주식시장이 어려울 때 몇 번
구조조정의 파도를 경험했는데, 가장 큰 파도는 글로벌 금융위기였다.
2008년 미국발 부동산 가격 폭락으로 촉발된 경제위기는 세계 금융의
중심인 미국 은행에 영향을 미쳐서 세계 경제 및 금융에 엄청난 충격을
가했다. 사실 주식시장은 2007년 말부터 약세를 보이기 시작했다. 몇몇
미국 중소 금융회사가 파산 신청을 하면서 기미가 보이긴 했지만, 2008
년 9월 15일 리먼 브러더스가 파산 신청을 한 일이 본격적인 글로벌 금
융위기의 시작점이었다. 미국의 대표적인 지수인 S&P500지수는 약
57% 하락했고 코스피 종합주가지수도 50% 이상 하락했다.

S&P500

미국의 신용평가회사 스탠더드 앤드 푸어스S&P에서 개발한 미국의 주가지수
이다. 뉴욕증권거래소와 나스닥에 상장된 주식 중 미국 500대 시가총액 기준
주가지수이다. 참고로 워런 버핏Warren Buffet은 이 지수를 상당히 신뢰해서, 아
내에게 자신이 죽은 뒤 유산으로 미국 국채에 10%를 투자하고, 나머지 90%
는 전부 S&P500 인덱스 펀드에 투자하라고 말했다.

당시 금융 시스템이 붕괴돼서 회복까지 100년이 걸릴 거라는 예상까
지 나왔다. 그때 〈월스트리트 저널Wall Street Journal〉 기사 중 이런 내용

글로벌 금융위기 당시 S&P500과 코스피 추이

이 있었다. 오랫동안 투자를 해온 나이 많은 투자자가 워런 버핏이 "Buy America(미국 주식을 사라)"를 외치자 버핏도 강세장만 봐서 상황의 심각성을 잘 모른다는 충고를 했다. 1900년대 초반 대공황 때 자기 아버지가 투자한 부동산과 국채가 폭락해 회복하는 데 몇십 년이 걸렸다며, 앞으로 주식시장이 회복하기까지 얼마나 오래 걸릴지 모르는 판국에 버핏이 미국 주식을 사라고 얘기한다며 비아냥거리기도 했다.

미국 금융회사들이 대규모 구조조정을 시작했고 그나마 가장 안전하다고 여겼던 JP모건도 예외는 아니었다. 내부에 이메일을 보내면 블록(회사를 떠난 직원의 이메일은 사용자 미지정으로 메일이 전달되지 않음)이 돼서 되돌아오는 경우가 부지기수였다. 한국 같은 경우는 노동법 때문에 구조조정이 힘드니 자발적 퇴사를 안 하는 한국 직원을 홍콩이나 싱가포르로 우선 발령한 뒤 그쪽으로 옮긴 지 몇 달 만에 내보내는 경우도 있었다.

런던 사무실 같은 경우는 인사팀 직원이 와서 어깨를 두드려서 따라나가면 그 후 사무실로 돌아오지 못했기에 사람들이 일하다가 누가 뒤에서 어깨를 두드리면 깜짝 놀라는 바람에, 사무실에서 특별한 이유 없이 어깨를 두드리는 일을 금기시했다는 해프닝도 있었다.

이처럼 글로벌 금융위기로 많은 이가 직장을 잃었음에도 주식시장은 미국 정부의 적극적인 대응과 유동성 공급 등을 통해 시장의 예상보다 훨씬 더 빨리 회복했다. 글로벌 금융위기가 막을 내린 다음에도 브렉시트, 코로나 팬데믹 등 위기가 닥칠 때마다 주식시장이 폭락했지만 회복 시기는 점점 빨라졌다.

MD(Managing Director)

글로벌 금융위기가 지나고 나는 3수 끝에 2010년 5월에 MD, 즉 임원으로 승진했다. 2008년, 2009년에도 MD 승진 후보자였지만 금융위기 여파로 MD 승진 인원이 전 세계적으로 최소화된 터였다. JP모건 입사 후 8년 만에, 그리고 40세 이전에 JP모건에서 임원으로 승진했으니 JP모건 한국에서는 최연소 임원 승진 기록이었다. 국내 회사와 달리 외국계 회사는 직급이 단순하다. 이사, 상무, 전무, 대표 등이 없고 임원은 MD 하나로 통일된다. 당시 전 세계 JP모건 직원의 3% 정도만 임원 직급이었는데, 그나마도 한국은 임원이 전체 직원의 1% 내외였다. JP모건 한국 직원 300명 중 MD는 3명 정도였던 것이다.

MD가 되면 기본급여가 오르는 것보다 보너스에 대한 상한선이 거의 없다고 보면 된다. 성과 위주의 외국계 증권사에서 보너스는 열심히 일하게 되는 가장 큰 동기를 부여했다. 주식시장이 좋고 회사 실적이 좋을 경우 성과가 좋은 MD는 연봉의 몇 배 이상을 보너스로 받을 수 있지만, 성과가 안 좋거나 회사의 실적이 나쁠 경우에는 구조조정 대상 1순위였다.

외국계 증권사, 특히 JP모건에서 애널리스트들은 경쟁이 정말 심하다. JP모건과 거래하는 모든 투자자는 월별, 분기별, 연간으로 JP모건에서 일하는 모든 애널리스트에게 투표를 하는데, 이를 '클라이언트 투표'라고 한다. 물론 이 투자자들은 자기네가 거래하는 JP모건뿐 아니라 다른 증권사의 애널리스트들에게도 투표를 한다.

투자자들이 받은 서비스를 기준으로 도움이 된 애널리스트에게 투표를 하는 클라이언트 투표에서는 투자자가 운영하는 자산 규모AUM, Asset Under Management를 기준으로 투표에 가중치를 둔다. 이렇게 모인 투표를 합산해 애널리스트별, 나라별, 산업별 순위를 매기고 이 순위를 매달 전체 직원에게 이메일로 발표한다. 투표를 통합 관리하는 시스템이 있어 누구든지 그 시스템에 접속해 본인의 순위뿐 아니라 다른 애널리스트의 순위를 열람할 수 있다.

클라이언트가 투표를 하면 결과를 각 증권사에 통보하고 투표한 클라이언트가 중요한 경우에는 그 결과를 아시아 전체 팀에 이메일로 공유한다. 매일 이런 이메일이 수십 통 정도 온다고 보면 된다. JP모건과 거래하는 투자회사는 1,000개가 넘는다. 그중 애널리스트가 직접 서비스를 제공하는 투자기관은 약 100개 정도 되고 실제 서비스를 해야 하는 투자자는 훨씬 더 많다. 기관마다 서비스를 해야 하는 투자자가 복수로 존재하는 경우도 많기 때문이다.

애널리스트에 대한 성과 평가는 스코어카드Scorecard라는 평가 시스템을 통해 이루어지고 몇 개의 평가 항목이 있다. 항목마다 가중치가 다른데, 앞에서 언급한 클라이언트 투표가 평가의 약 60% 비중을 차지한다. '세일즈와 트레이더 투표', 다시 말하면 내부에서 같이 일하는 동료의 투표가 10% 정도의 비중을 차지한다. 또한 애널리스트가 담당하는 주식에 대한 추천의 정확성 평가가 15% 정도의 비중을 차지한다. 즉 해당 애널리스트가 매수 혹은 매도로 추천한 종목의 주가가 애널리스트가 제시한 방향성과 목표주가와 대비해 얼마나 일치해 움직였는지 평가하는 것이다.

그리고 주요 업무에 대한 성과 평가 외에도 '기업과의 관계Corporate access'라는 항목이 10%의 비중을 차지한다. 기업설명회NDR, Non-Deal Roadshow(기업이 증권사 애널리스트, 펀드매니저 등을 직접 만나 회사의 경영 현황과 미래 전망을 설명하고 투자 유치를 유도하는 활동) 횟수와 JP모건이 주최하는 콘퍼런스에 참여한 기업의 수를 기준으로 평가한다. 즉 담당하는 회사와의 관계의 중요성을 평가하는 항목이다.

마지막은 '협업Global collaboration'으로, 애널리스트가 자기가 담당하는 회사뿐 아니라 다른 나라 애널리스트들과 얼마나 많이 협업해서 리포트를 썼는가를 평가하는 항목이다. 전 세계에 리서치센터가 있는 JP모건이라는 글로벌 플랫폼에서 다른 증권사와의 차별화를 위해 특정 지역이나 특정 산업이 아니라 다른 지역과 다른 산업을 포함한 내용의 리포트를 얼마나 많이 썼는지 평가하는 것이다.

이러한 기준으로 개개인의 성적이 매겨지고 그 성적에 따라 승진과 보너스가 결정된다. 물론 이런 자료도 모든 사람이 다 열람할 수 있다. 애널리스트 순위는 각자 일하는 나라별 순위, 지역별 순위(예: 아시아 전체 순위), 그리고 전 세계 순위(전 세계 애널리스트 기준 순위)로도 매겨진다.

한마디로 성과 지상주의고 자기가 어떤 위치에 있고 어떤 상황에 있는지 본인뿐 아니라 회사 사람들이 모두 알 수 있게 계량화해 개개인의 성과 평가에서 문제의 소지를 없애버린다. 2년 연속 성과 평가에서 하위 10% 안에 들면 자연스럽게 회사를 나가야 한다. 나는 JP모건을 포함해 네 곳의 회사에서 일했는데, 시스템 측면에서 JP모건을 따라올 회사는 없다고 본다. 다른 회사에서 일하다가 JP모건에 온 많은 사람들도 JP모건의 시스템에 경의를 표하곤 한다.

JP모건에서 21년 넘게 그리고 임원으로 13년을 근무할 수 있었던 이유를 살펴보면 내가 열심히 일했기 때문이기도 하지만 나름대로 운이 좋았던 것도 같다. 한국 회사뿐 아니라 대만 반도체 회사(TSMC, UMC, 난야테크 등)와 일본 전자 회사(소니, 파나소닉 등)를 직접 담당하면서 투자자 베이스가 확대되었고 한국 주식시장이 안 좋을 때 다른 나라 회사들을 담당했던 것이 도움이 되었다. 20년 넘게 많은 사람들과 함께 일했지만, 특히 능력 있고 좋은 사람들과 한 팀을 이룬 덕분에 팀의 성과도 좋았던 것도 장수의 비결인 듯하다.

대만과 일본 회사들을 담당하면서 대만이나 일본에서 몇 개월씩 지낸 적이 있는데, 그 기간 동안 힘들기도 했고 한국에 대한 향수를 느끼기도 했다. 하지만 지금 와서 돌아보면 인생에서 더없이 좋은 기회였고 타문화를 직접 느낄 수 있었으니 의미 있는 경험이었다.

리서치팀의 주요 업무

리서치팀의 가장 중요한 역할은 산업별로 전문가라고 할 수 있는 애널리스트가 담당하는 산업과 기업에 대한 심도 있는 분석을 기반으로 해당 기업의 실적과 전망에 대한 리포트를 작성하는 것이다. 그 리포트를 바탕으로 해당 주식에 대한 매수/매도 포지션을 추천하는 일을 한다. 또한 투자자가 궁금해하는 내용에 대해 답변을 주고 기관 투자자들의 거래를 유도해 해당 증권사를 통해 트레이딩을 하게끔 만드는 것이다.

또한 주가가 오르는 상황에서 왜 오르는지 그리고 얼마까지 오를 수 있는지 논리적인 이유를 제공해야 한다. 특히 주가가 떨어질 때 떨어지는 이유와 주가의 바닥이 어디인지 기업의 펀더멘털뿐만 아니라 밸류에이션, 기술적 분석, 경쟁관계, 산업의 사이클 등 해당 산업을 둘러싼 다양한 요소를 기반으로 설명해야 한다.

또한 리서치는 담당하는 회사와 긴밀한 관계를 유지하면서 시장에서 궁금해하는 상황을 회사의 의견과 애널리스트의 판단을 기준으로 시장에 전달해야 한다. 이를 통해 시장에 돌아다니는 잘못된 정보를 확인해 주고 또한 비공개 정보MNP, Material Non Public Information를 전달해 정보의 비대칭을 해결하는 일도 리서치의 중요한 업무이다.

그 외의 업무 중 하나가 기업공개에 주관사로 참여해 비상장회사를 상장시키는 일이다. 기업공개를 하는 회사의 규모에 따라 증권사가 얻는 수익은 굉장히 크다. 상장 후에도 기업공개를 주관한 증권사를 통한 주식 거래가 많이 일어나기 때문에 거래수수료도 지속적으로 발생한다. 기업공개 주관사가 되기 위해 투자은행부서IBD, Investment Banking Division 쪽에서는 상장을 준비하는 회사에 영업을 한다. 영업에 성공하려면 리서치나 세일즈의 역량을 강조해 차별화를 두는 것도 필수 요건이다.

기업공개 주관사가 되기 위한 영업과 관련해, 속어로 투자은행부서는 '찍새', 리서치팀은 '딱새'라고 한다. 구두를 닦는 직업에 비유해 찍새가 딜을 가지고 오면 리서치가 구두가 빛이 나게 닦아야 한다는 뜻이다. 서로 공존 공생 관계이기도 하지만 다른 조직과 마찬가지로 결국은 영업 능력이 중요하고 많은 부분에서 리서치팀은 투자은행부서 고유의 업무에 협조해서 도움을 주고 있다.

투자은행부서는 고객의 내부 정보 등을 다루는 경우가 많기 때문에 다른 부서간 이해관계 상충을 없애기 위해 차이니스 월Chinese Wall(특정 부서에서 업무상 얻게 된 정보를 같은 회사 내의 다른 부서가 취득해 불공정한 이윤을 내는 것을 방지하기 위한 가상의 윤리적인 방화벽)을 유지한다. 그래서 리서치팀과 투자은행부서는 이메일이나 대화를 직접 주고받을 수 없고 준법감시인Compliance officer을 통해서만 서로 접촉할 수 있다.

JP모건은 딜하우스Deal house라고 해서 기업공개 딜을 많이 하는 회사로 유명하다. 전 세계 주요 도시에 지사가 있고 전 세계에 인력도 가장 많기 때문에 큰 회사들이 기업공개를 하는 경우 JP모건은 꼭 들어가는 주관사 중 하나이다. 특히 조 단위 딜인 경우 전 세계 투자자의 참여가 꼭 필요하기 때문에 JP모건 산하 관련 지역의 많은 인원이 딜에 참여를 한다.

딜이 진행되는 동안 투자은행부서뿐 아니라 담당 애널리스트는 딜 리포트Deal report를 쓰고 투자자사전교육PDIE, Pre-Deal Investor Education 업무, 즉 전 세계를 돌아다니면서 투자자들을 만나 상장을 준비하는 회사에 대해 교육을 시키고 산업과 수익 모델 등에 대해 설명하는 업무를 수행한다. 그 후에 상장을 준비하는 회사의 임원진들이 애널리스트가 사전 교육을 시킨 투자자들을 만나서 회사의 비지니스 모델, 전략 방향 등에 대해 설명하는 절차를 밟는다.

나는 JP모건이 여러 회사의 기업공개 딜에 주관사로 참여했을 때 담당 애널리스트로 리드한 경험이 많다. LG디스플레이, 삼성SDS, 대만 패널회사, 하이브 등의 기업공개 때 담당 애널리스트로서 상장 주관 업무에 직접 참여했다. 투자자사전교육 기간 동안은 정말 식사도 못할 정도로 바쁘다. 유럽 같은 경우는 하루에 3개국을 방문해 미팅을 하기도 하고, 미국에서는 하루에 비행기를 3번까지 타면서 시간을 다투며 투자자 미팅을 한다.

출장 중 에피소드

외국계 증권사 애널리스트는 해외 출장이 정말 많다. 코로나 이후에는 출장이 다소 줄었지만, 그 전에는 1년에 3분의 1은 해외에 나가 투자자를 만나고 관련된 회사의 주가와 시장상황에 대해 설명하는 것이 주 업무였다. 한국에서 나갈 때는 주로 대한항공이나 아시아나항공을 타지만 해외에서는 그 나라 국적기를 주로 이용한다. 나는 2012년에 이미 대한항공 100만 마일을 달성했고 현재 180만 마일로 200만 마일을 눈앞에 두고 있다. 코로나 기간 동안 출장을 못 가서 그렇지 코로나가 없었으면 아마 지금쯤 200만 마일을 달성했을 것이다.

미국 출장의 경우 인천공항에서 일요일 낮 12시나 밤 비행기를 타면 뉴욕에 한국과 거의 같은 시간에 도착한다. 시차로 인해 출발 시간과 도착 시간이 큰 차이가 없다. 월요일부터 금요일까지 5일 동안 보통 비행기를 7~8번 정도 탄다. 뉴욕에서 시작해 보스턴, 워싱턴 DC, 시카고, 캔자스시티, 덴버, 샌프란시스코, LA를 모두 비행기로 이동한다. 뉴욕과 보스턴에서는 하루에 보통 미팅을 7~8개 정도 하고 나머지 도시에서는 반나절만 미팅하고 다음 도시로 이동하는 살인적인 스케줄이다.

유럽 출장도 비슷하다. 보통 런던에서 시작해 스코틀랜드, 파리, 밀라노, 프랑크푸르트, 암스테르담, 코펜하겐 등을 월요일부터 금요일까지 5일 만에 돌아야 한다. 체력이 약하거나 시차 적응을 잘하지 못하면 견디기 힘든 스케줄이다. 아시아의 경우는 홍콩, 싱가포르, 쿠알라룸푸르를 5일 만에 돌아야 하는데 홍콩에서는 하루에 최고 12개 미팅을 한 적도 있다. 미팅 시간이 1시간이고 이동 시간은 15분으로 정말 숨쉴 틈도 없다.

정말 많은 시간을 비행기와 호텔에서 지내면서 생긴 에피소드가 꽤 있다. 스케줄이 너무 타이트해서 비행기 출발 시간에 늦어 비행기를 놓친 일은 부지기수이고, 호텔에 체크인을 하는데 예약이 안 되어 있어 밤 늦게 다른 호텔을 찾아 다닌 적도 있다. 런던에서는 비가 쏟아져 그 일대가 정전되는 바람에 어두운 호텔 방에서 3일을 지내는 등 정말 산전수전을 다 겪었다.

뉴욕에서 JP모건이 콘퍼런스를 주최했을 때는 아시아의 주요 회사를 다 모아놓고 투자자들과의 미팅을 주선하고 회사들의 프레젠테이션 등을 준비해야 했다. 한국에서도 삼성전자, SK하이닉스, 현대자동차 등 주요 기업들이 왔는데, 3일 동안 콘퍼런스는 물론이고 행사가 끝난 후의 저녁식사 준비 등 챙겨야 할 일이 너무 많아서 잠도 제대로 못 자며 바쁘게 일을 했다. 콘퍼런스 중간에 갑자기 홍콩에서 기업공개 딜이 있으니 바로 런던으로 가라는 연락을 받고 콘퍼런스가 끝나자마자 런던으로 날아가 금요일 새벽에 도착한 뒤 곧바로 업무에 착수해 하루 종일 미팅을 하고 호텔에 돌아왔다.

저녁을 간단히 룸서비스로 시켜 먹고 너무 피곤해서 저녁 8시 정도에 호텔방에 암막 커튼을 치고 잠자리에 들었는데 일어났더니 아침 8시였다. 일어나자마자 이메일을 체크하는데 날짜가 이상했다. 알고 보니 토요일 아침 8시가 아니라 일요일 아침 8시였다. 36시간을 깨지 않고 잔 것이다. 지금은 하루 8시간도 내리 자기 힘든데 그때는 정말 몸이 부서져라 일했던 듯싶다.

한번은 뉴욕 출장을 갔는데 시차 적응이 안 돼서 이틀 넘게 잠을 제대로 못 잤다. 하루에 미팅을 8개 정도 하는데 졸음을 참기 위해 하루에 커

피를 대여섯 잔 정도 마시고 저녁에는 또 잠이 안 와서 계속 깨어 있었다. 3일째 되던 날 새벽까지 잠을 못 이루다가 마침 소지하고 있던 졸음 성분이 든 감기약을 먹고 잠이 들었는데, 아침에 호텔 직원이 문을 두드리는 소리에 잠에서 깼다. 8시가 넘은 시각이었다. 첫 미팅이 8시였는데 말이다.

그때 이메일과 전화로 나를 찾은 사람이 10명이 넘어서 무척 놀랐다. 연락이 온 지역도 한국, 홍콩, 싱가포르, 뉴욕, 보스턴, LA 등 너무나 다양했기에 정말 출장 중에도 나의 모든 스케줄이 오픈되어 있다는 사실을 알게 되었다.

정말 무수한 에피소드가 있고 다 얘기하기엔 책 한 권으로도 모자랄 테지만, 20년 훨씬 넘는 시간 동안 큰 사고 없이 출장을 다닐 수 있었다는 것만으로도 감사한 일이다.

리포트, 애널리스트의 숙명

리포트, 무엇을 보고 어떻게 쓸 것인가?

애널리스트에게 가장 중요한 업무는 본인이 담당하는 회사와 관련된 산업을 분석하고 수치화해 리포트를 쓰고 이를 바탕으로 내부 고객(세일즈와 트레이더)과 외부 고객(기관 투자자)에게 영업을 하는 일이다.

리포트를 쓰는 이유는 너무나 다양하지만 분기 실적 리포트처럼 담당하는 모든 애널리스트가 동시에 쓰는 리포트는 시장에서 주목을 받지 못한다. 따라서 분기 실적 발표 전에 예상치 리포트Earning's preview를 써야 한다. 실적이 나오기 1주 전에 실적 예상치와 실적 발표 후의 주가 방향을 시장에 전달하는 리포트를 내면 투자자의 관심을 더 끌기 좋다. 좋은 애널리스트가 되기 위해서는 남보다 먼저 새로운 정보를 전달하고 정보의 신뢰성을 계속적으로 쌓아 나가야 한다.

또한 주가의 움직임도 리포트를 쓰는 관전 포인트다. 갑작스러운 주가 움직임이 발생한 다음에 시장에서 가장 궁금해하는 점은 향후 주가가 계속 움직일지 아니면 일시적인 현상으로 그칠지 여부인데, 애널리스트는 이에 대해 분석해 리포트를 통해 주가가 움직인 이유와 향후 방향성을 구체적으로 설명해야 한다.

따라서 애널리스트는 자기가 담당하는 회사의 주가 외에도 경쟁사와 공급망에 속해 있는 회사의 주가를 매일 체크해야 한다. 내가 15개 정도 되는 회사를 담당하며 매일 체크했던 주식은 100개가 넘었다. 특히 출장 중에도 특이한 주가 움직임이 있으면 애널리스트는 당연히 관련된 리포트를 써야 한다.

그 외에도 새로운 트렌드가 있으면 관련 회사, 해당 산업 전문가들, 관련된 연구 자료 등을 바탕으로 자세한 리포트In-depth report를 작성해야 한다. 2023년에 꽤 오랫동안 공들여 조사하고 분석해 HBM과 관련된 패키지 기술에 대한 자세한 리포트를 작성했는데, HBM 같은 경우에는 국내에 자료가 많이 없어서 주로 관련된 해외 장비 회사들의 자료를 토대로 기술 개발 단계와 상용화 등을 유추했다.

회사와 섹터를 분석하는 데 다양한 분석 기법이 사용되고 수많은 채널을 통해 정보를 수집한다. 예를 들어 삼성전자를 분석할 때는 분기별 재무제표를 항목별로 살펴보고 행간의 의미뿐 아니라 분기와 연간 변화를 검토하고 회사 IR 담당자와 미팅이나 전화 통화를 하며 재무제표에 나와 있지 않은 정보까지도 파악한다. 회사의 IR 담당자뿐 아니라 관련된 사업부에 재직하고 있는 지인 등을 통해 자료의 신뢰성을 높이는 일도 필요하다.

산업에 대한 분석을 위해 반도체 협회나 유료로 제공되는 독립적인 전문 리서치 기관의 자료도 참조해 엑셀 기반의 메모리 산업 모델Memory Industry Model을 만든다. 메모리 산업에서 가장 중요한 변수는 메모리 가격(디램, 낸드 가격)을 추정하는 것이고 메모리 가격을 추정하는 데 가장 중요한 변수는 수급이다.

공급 측면에서 각 회사의 생산 능력을 추정하기 위해서는 전 세계 메모리 회사의 공장을 라인별로 파악하고 분기별 생산 능력을 추정해야 한다. 그리고 이 생산 능력은 시설 투자와 연결해 추정해야 한다. 시설 투자가 예상보다 커지는 경우 생산 능력도 증가한다는 가정을 만들기 위해 엑셀에서 수식으로 연결해 시설 투자가 증가하면 생산 능력이 얼마나 증가하는지를 수식화해야 한다. 생산 능력을 파악한 이후에는 응용처별로 각 제품(PC, 모바일, 서버)이, 특히 최근에는 HBM이 전체 생산 능력에서 각각 얼마나 차지하는지를 추정하고 수율을 감안해 제품별 생산량을 추정한다. 이 모든 자료를 기반으로 전 세계 메모리 생산량을 추정하고 다시 그것을 기준으로 분기 및 연간 공급 증가율을 추정한다.

수요 가정은 훨씬 복잡하다. 상향식Bottom-up 분석 기법을 이용하는데 앞에서 언급했듯이 수요를 응용처별(PC, 모바일, 서버, 컨슈머, 그래픽, HBM)로 추정한다. 각각의 판매 대수와 기기별 평균 메모리 탑재량Memory density을 기준으로 추정해야 한다. 특히 메이저 제품(아이폰, 갤럭시 등)의 경우 각 제품의 스펙을 기준으로 모델별 수요까지 추정해야 한다. 이를 테면 아이폰15 프로 버전의 판매량이 전체 디램과 낸드 수요의 몇 퍼센트를 차지하는지, 또 이 제품이 예상보다 10% 더 팔릴 경우 전체 수요에 얼마나 영향을 미치는지 수치화하는 것이다.

이를 바탕으로 특정 분기와 특정 연도의 수요와 공급을 예측하고 이를 바탕으로 메모리 가격을 추정한다. 공급 과잉이면 가격이 하락하고 과잉의 정도가 크면 가격 하락폭이 더 크다고 가정해 가격의 흐름을 예측한다. 공급과 수요의 차이, 다시 말하면 과잉 재고가 쌓인 경우 최소한 재고 소진에 6개월이 소요된다고 가정하고 가격 하락의 지속성도 추정해야 한다. 디램과 낸드는 다른 제품이기 때문에 위에서 언급한 산업 모델은 각각 따로 추정하고 변수들이 계속 변화하기 때문에 주기적으로 업데이트를 해야 한다.

공급 측면에서는 관련된 회사의 투자 규모도 바뀌고 수율 이슈도 생길 수 있기 때문에 회사와 계속 접촉해 신뢰성을 확보하고 관련된 장비 회사들을 통해서도 체크해야 한다. 수요 측면에서는 기기들의 판매량과 큰 고객군 중 하나인 주요 서버 업체의 투자 규모 등을 각 회사의 실적 발표와 실제 판매 대수 등을 기반으로 산업 모델에 반영해야 된다.

이런 모델을 기준으로 공급이나 수요에서 상황이 바뀌면 산업 모델을 통해 수급의 변화와 가격 변화를 예측할 수 있다. 예를 들어 엔비디아에서 새로 나온 GPU의 메모리 탑재량이 1TB(Tera Byte)에서 2TB로 증가할 경우 전체 디램 수요에 미치는 영향을 수치화하는 것이다.

따라서 산업 모델을 작성하기 위해서는 메모리 산업뿐만 아니라 전후방 산업의 트렌드도 알아야 한다. 특히 IT 산업은 전 세계가 연결되어 있기에 메모리 회사가 투자를 얼마나 하는지 어떤 제품을 생산하는지를 파악하기 전에, 공급 측면에서 반도체 장비 회사들의 수주 실적과 반도체 소재 회사들의 매출 추이 등을 통해 반도체 회사들의 시설 투자 상황을 유추할 수 있다. 수요를 파악하기 위해 주요 고객들의 새로운 제품 출시 일정과 제품 사양, 그리고 출하량 등을 파악해야 한다.

이와 더불어 담당하고 있는, 관련된 개별 회사들의 수익 모델을 만들어야 한다. 예를 들어 삼성전자 수익 모델의 경우 매출에 영향을 미치는 메모리 가격 정보를 반영하고 그것을 기준으로 삼성전자 내 메모리 사업부의 매출과 수익을 추정하고 다른 사업부들, 즉 파운드리, 디스플레이, 휴대폰, 가전의 매출과 영업이익도 각각의 사업 성격에 맞추어 손익을 추정한다. 그리고 나서 이를 기반으로 회사 전체 매출, 영업이익, 순익을 추정한다.

추정된 손익을 기반으로 주당순이익 등 밸류에이션을 위한 기본 자료를 산정하고 다양한 밸류에이션을 대입해 목표주가를 산정하고 현재 주가와의 괴리를 바탕으로 주식의 매수, 중립, 매도 중 하나를 추천한다.

주당순이익(EPS, Earnings per Share)

주당순이익은 기업이 벌어들인 순이익(당기순이익)을 주식 수로 나눈 값으로, 1주당 이익을 얼마나 창출했느냐를 나타내는 지표이다. 즉 해당 회사가 1년간 올린 수익에 대한 주주의 몫을 나타내는 지표라 할 수 있다. 주당순이익은 주가수익비율 계산의 기초가 된다.

특히 삼성전자처럼 큰 회사는 수익 추정에 매크로 변수도 영향을 미치기 때문에 환율, 이자율 같은 변수도 고려해 매출과 순이익을 추정한다. 시장에 정보가 넘치지만 미디어에서 나온 정보보다는 회사 창구를 통해 사실 확인이 되는 정보를 주로 이용하고, 회사에서 나온 정보의 신뢰성을 확인하기 위해 추가로 크로스체크Cross-check(정보 수치 등을 다른 방법을 써서 대조하고 검토)한다. 대상은 삼성전자에 부품이나 장비를 납품하는 회사들, 경쟁사, 삼성전자와 관련된 산업에 있는 사람들이다.

삼성전자나 SK하이닉스를 담당하면서 회사가 제공하는 정보 외에 가장 중요하게 생각하는 정보는 고객사와 공급망에 속한 회사들에 관한 정보이다. 따라서 두 회사의 메모리 산업 경쟁사인 마이크론과 주요 고객사 중 하나인 애플, 그리고 서버향 제품의 주요 고객사인 아마존, 마이크로소프트, 메타, 최근 HBM 제품의 주요 고객사인 엔비디아, 장비 회사인 ASML, 어플라이드머티어리얼, 램리서치, 도쿄일렉트론, 국내의 원익IPS 등의 회사에 대해서는 분기 실적뿐 아니라 주요 공시 사항을 빠짐없이 체크해 메모리 산업에 미칠 영향과 삼성전자와 SK하이닉스에게 미칠 영향을 수치화한다.

주식시장은 많은 주식 참여자들이 공통의 목적'Money making idea'을 위해 서로 싸우는 전쟁터이다. 남보다 먼저 정보를 아는 것이 주식시장에서 가장 중요하고 정보의 신뢰성을 판단하는 것이 우선 순위이다. 정보의 신뢰성 측면에서 가장 높은 게 회사의 실적 발표와 공시 자료이고 관련된 회사들이 제공하는 자료들이다. 미디어 쪽에서는 〈블룸버그〉와 〈월스트리트 저널〉과 같이 금융 쪽에 특화된 언론사를 신뢰한다.

로컬미디어보다 금융 특화 매체가 제공하는 정보의 신뢰성이 높은 이유는 더 넓은 범위의 정보를 다루기 때문이다. 로컬미디어는 각 나라의 뉴스만 주로 제공하기 때문에 자국과 관련된 많은 정보를 쏟아내지만 검증되지 않은 정보도 있는 데 비해, 금융 쪽에 특화된 매체들은 전 세계를 커버하기 때문에 신뢰성이 높은 정보만 선택해 제공하는 측면이 있다.

결국 "쓰레기가 들어가면 쓰레기가 나온다Garbage in, garbage out"는 격언을 명심해야 한다. 전제 혹은 가정에 결함이 있으면 논증에 오류가 생기기 때문에, 수익추정모델에 들어가는 변수의 신뢰성과 정확성을 확인하는 데 많은 시간을 쏟아야 한다. 그렇지만 이런 것들은 어느 정도 경험치가 쌓인 후에야 알 수 있다.

수익추정모델(Earnings model)

기본적으로 증권사 애널리스트들은 분석 모델을 가지고 있다. 보통 수십 개의 탭으로 구성된 엑셀 스프레드시트이고 해당 기업 공시 회계 정보와 함께 향후 실적에 대한 예측 데이터를 포함한다. 여기에는 해당 기업의 사업별 매출 분포, 상품별 분포 및 예측 데이터가 모두 나와 있다. 애널리스트들은 여기에 현재 상황과 미래에 대한 추정치를 기준으로 예측 데이터를 만든 후, 밸류에이션을 통해 목표주가를 산정하게 된다.

따라서 일반 투자자들은 애널리스트 리포트에 기재된 표면적인 숫자보다는 애널리스트가 그 숫자를 산출하기 위해 어떤 가정들을 세웠고 그 가정들이 얼마나 정확한지를 파악해야 하는데, 쉽지 않은 일이다.

JP모건증권은 개인 투자자와는 거래하지 않고 JP모건에 등록된 기관 투자자들과만 거래하는데, 기관 투자자들이 가장 많이 하는 요청은 리포트를 보내달라는 것이 아니라 앞에서 언급한 산업 모델이나 개별 회사의 수익추정모델을 보내달라는 것이다.

기관 투자자들이 그런 요청을 하는 이유는 그런 모델 안에 있는 가정을 기준으로 투자 판단을 하기 위해서다. 일반 투자자가 애널리스트들의 목표주가나 리포트에 나와 있는 결과치를 보고 투자 판단을 하는 것과 대조된다.

기업을 분석하는 애널리스트들은 담당하는 기업의 실적을 예측하고 시장 기대치와 현재 상황의 괴리를 바탕으로 주가의 움직임을 예측해야 한다. 관련된 회사가 좋은 실적을 내거나 긍정적인 발표나 뉴스가 나왔다고 해서 주가가 오르는 건 아니다. 가장 중요한 것은 관련된 회사에 대한 시장의 기대치이다.

분기 실적 발표 때 중요하게 생각하는 것도 시장 예측치 대비 실적을 보는 것이다. 실적 자체는 중요하지 않고 시장 기대치가 더 중요하다. 마치 포커게임을 잘하는 사람한테는 자기가 들고 있는 카드보다 상대방이 들고 있는 카드가 중요한 것과 같은 맥락이다. 내가 들고 있는 카드가 나쁘더라도 상대방 카드보다 좋으면 돈을 따듯이, 주식시장은 나만이 투자하는 시장이 아니기 때문에 불특정 다수의 시장 참여자가 가진 생각이 훨씬 더 중요하다.

또한 과거와 다르게 개별 회사의 실적보다는 그 회사와 관련된 고객, 산업, 아니면 전체적인 주식시장의 흐름에 영향을 많이 받는다. 특히 반도체 시장의 수요가 기존의 소비재B2C에서 기업향B2B 중심으로 변화함에 따라 개별 회사의 실적이나 뉴스에 반응하는 주가 움직임은 제한적이다.

최근 HBM이 반도체 시장의 가장 큰 테마이기 때문에 관련된 SK하이닉스나 마이크론의 주가가 엔비디아의 실적과 주가에 크게 연동되는 것을 볼 수 있다(오른쪽 차트 참고). 이런 흐름은 앞으로도 계속될 것으로 보

[출처: 인베스팅닷컴]

이기 때문에 과거와 달리 개별 회사의 실적보다는 큰 틀 안에서 전체적
인 산업의 발전 방향에 초점을 맞출 필요가 있다.

애널리스트 박정준이 빛났던 순간들

15조 원의 사나이

애널리스트로 살아오면서 가장 기억에 남는 사건은 삼성전자에 대한 내 리포트가 시장에 엄청난 반향을 일으킨 일이다. 2013년 6월 7일 삼성전자 목표주가를 낮추고 부정적인 내용을 담은 리포트로 인해 삼성전자 및 삼성전자 계열사 주가가 폭락했다. 이 사건으로 내 리포트는 언론의 스포트라이트를 받았다. 심지어 그날 9시 지상파 뉴스에 리포트 표지와 자세한 내용이 톱기사로 나올 정도였다. 〈주간조선〉은 커버페이지 기사로 JP모건의 삼성전자 리포트를 자세히 다루었다. 제목도 "'15조 원의 사나이' JP모건 박정준 전무: 그가 펜을 들면 시장이 요동친다"로 사람들의 시선을 끌기에 충분했다. 물론 그 후 많은 매체에서 관련된 리포트와 시장 반응에 대해 연일 보도했다.

시장에는 JP모건이 투자자들과 짜고 공매도를 한 다음에 리포트를 써서 주가를 떨어뜨려 이익을 취했다는 설이 파다했다. 진실을 얘기하면 나는 애널리스트로서 나의 업, 그러니까 시장의 기대치와 현실 사이의 괴리를 찾아내 '미래의 기업 가치를 반영하는 현재 주가'와 '수익 추정에 기반을 둔 밸류에이션을 통해 얻은 적정 주가'의 차이를 분석하는 작업을 수행한 것뿐이다. 그러한 분석을 기준으로 주가의 방향성을 예측하는 것이 애널리스트의 업이다. 특히 JP모건 같은 회사에서는 선행매매, 즉 '사전에 입수한 주식 정보를 이용해 정상적인 거래가 이뤄지기 전에 미리 주식을 사고팔아 그 차액을 취득하는 행위' 자체가 불가능하다.

공매도(Short selling)

보유하고 있지 않은 주식을 매도하는 것을 말한다. 주가가 하락할 것을 예상해 주식을 빌려서 매도하고 주가가 하락했을 때 주식을 사들여 주식을 갚고 시세차익을 얻는 것을 주목적으로 한다. 자산의 가격이 하락하면 이익을 얻지만 자산의 가격이 상승하면 손실을 입게 된다. 공매도는 매도 증권을 사전에 차입했는지 여부에 따라 무차입 공매도와 차입 공매도로 구분된다. 우리 주식시장에서 무차입 공매도는 허용되지 않지만 차입 공매도는 가능하다.

선행매매(Front running)

기관 투자자의 매매 정보가 확실한 경우, 펀드매니저나 주식중개인이 고객 주문을 체결하기 전에 '동일한 증권'을 자기 계좌에서 매매하거나 제삼자에게 매매를 권유해 부당이득을 챙기는 것을 말한다. 폭넓게는 미공개 정보를 이용해 개인적 이득을 취하는 주식 거래 행위가 모두 포함된다

애널리스트가 쓰는 모든 리포트는 SASupervisory analyst(애널리스트 감독자)가 미리 검토한 후에만 발간할 수 있다. 일단 SA가 검토를 끝내면 바로 JP모건과 거래하는 모든 투자자에게 시스템으로 동시에 배포되고 리포트는 JP모건 사이트에 올라가게 된다. 따라서 특정 고객을 대상으로

먼저 리포트 내용을 배포하는 것 자체가 시스템상 불가능하다.

그때 삼성전자가 새로운 스마트폰 모델인 갤럭시 S4를 출시했고 시장 기대치는 상당히 높은 상태였다. 삼성전자 담당 애널리스트로서 삼성전자만 분석하는 것이 아니라 삼성전자와 관련된 공급망(관련된 부품회사)을 통해 수요와 공급을 체크하는 것은 중요한 분석 방법 중 하나이다.

갤럭시 S4와 관련된 부품 회사들을 체크한 결과 삼성전자에게 받은 부품 주문 물량이 시장 예상치보다 훨씬 낮았다. 특히 지인이 삼성전자 시스템 LSI 사업부쪽에서 APApplication Processor(스마트폰의 두뇌 역할을 하는 칩)를 담당했는데 AP 물량이 예상치보다 20% 이상 낮다는 사실을 확인했다(당시만 해도 삼성전자 휴대폰은 자체 AP를 많이 사용했기에 신뢰도가 높은 정보라고 판단했다). 따라서 갤럭시S4 실제 판매량이 시장의 기대치에 못 미칠 것이라고 판단했고 이로 인해 주가가 떨어지리라고 예상했다. 그런 자료를 바탕으로 목표주가를 낮추고 부정적인 내용을 담은 리포트를 발간했다.

애널리스트가 자기가 담당하는 회사의 주가 방향성을 나름대로 예측한다 해도 시장에서 어떻게 받아들일지는 알 수 없다. 시장이 장밋빛 전망을 하고 있을 때 내가 쓴 부정적인 리포트가 부정적인 영향을 미칠지도 모른다고 예상은 했지만, 생각한 것보다 시장 반응이 훨씬 더 커서 개인적으로 많이 놀랐다.

이 사건과 관련된 비하인드 스토리가 있다. 당시 삼성전자 무선사업부장(사장)이 바로 직전에 개최한 기자간담회에서 새로운 스마트폰 갤럭시 S4에 대한 자신감을 비친 이후라 내 리포트가 발간된 후 무선사업부장이 특히 대노했고, 삼성전자 내부적으로도 크게 문제를 삼았다고 한다. 그 후 꽤 오랫동안 나는 삼성전자와 미팅은 고사하고 연락조차 못 했다. 삼성전자는 JP모건 한국 지점의 가장 큰 고객 중 하나였는데 거의 1년 가까이 모든 비즈니스가 끊겼다.

사실 이 부분에서 JP모건에 다시 한번 놀란 점은 그 리포트를 내부 규정에 따라 절차대로 발간했기 때문에 금융감독원 실사에서도 문제가 되지 않았다는 것이다. 그 리포트가 회사의 한국 비즈니스에 부정적인 영향을 끼쳤는데도 JP모건 내에서 누구도 공식적으로 문제 제기를 하지 않았다. 홍콩에 있는 보스는 나한테 만약 문제가 생기면 자기가 다 책임지겠다고 공식적으로 얘기하고 애널리스트로서 해야 할 일을 했다고 강조했다.

결국 주가는 내가 예측했던 방향으로 움직였다. 꽤 오랫동안 삼성전자 주가는 횡보했고 목표주가를 낮추었던 시점의 주가로 회귀하는 데는 긴 시간이 걸렸다.

주식시장은 긍정적인 마인드가 지배하는 세상이다. 물론 공매도를 통해 떨어지는 주식으로도 돈을 벌 수 있는 방법이 있지만 그것은 기관 투자자 중에서도 소수에 해당되는 내용이고 대부분의 주식 투자자는 주가가 올라야 돈을 버는 구조이다.

그런 이유로 주식시장은 대부분 긍정론이 지배하게 되어 있다. 대부분 주가가 오를 만한 핑계를 찾고 주가가 떨어지는 리스크 요인에 대해서는 크게 언급하지 않는 것이 현실이다. 애널리스트로서 나는 위험 요인에 대해 다른 애널리스트보다 시간과 노력을 많이 기울이는 것으로 차별화를 꾀했다.

애널리스트 생활을 시작한 지 얼마 안 된 무렵에 해외에서 경험이 아주 풍부한 시니어 펀드매니저와 미팅을 한 적이 있었다. 그때 그 펀드매니저에게 들은 말이 이러한 차별화의 동기가 된 듯하다. 당시 삼성전자 주가가 지지부진했는데, 그는 "한국 시장에서 가장 중요한 삼성전자는 한국에서 가장 뛰어난 애널리스트가 담당할 텐데, 한국 삼성전자 담당 애널리스트는 다 매수 의견만 낸다. 나는 한 번도 매수가 아닌 리포트를 본 적이 없다"고 했다.

어떤 회사의 주가도 계속 오를 수는 없는데 당시 삼성전자에 대해서는 한국의 모든 애널리스트가 계속 매수 의견만 내고 있었다. 내가 시장에서 처음으로 삼성전자를 매수에서 중립으로 하향 조정한 애널리스트였다. 그 후 간간이 외국계 증권사 위주로 삼성전자에 대해 매수가 아닌 의견을 냈다. 시장에 이처럼 상반된 목소리가 존재해야 주식시장의 효율성이 높아진다.

다음의 <주간조선> 기사가 당시 나온 수많은 기사 중 그래도 내용이 가장 자세히 기술된 것이다.

'15조 원의 사나이' JP모건 박정준 전무
그가 펜을 들면 시장이 요동친다

지난 6월 7일 JP모건이 내놓은 한 장짜리 '삼성전자 보고서'는 한국 증시를 발칵 뒤집어놓았다. JP모건이 이 회사와 계약을 맺은 투자자와 시장 관계자에게 배포한 보고서로 인해 삼성전자 주가는 대폭락했다. 삼성전자 주가는 이날 하루만 6.18% 추락해 15조 원에 이르는 시가총액이 증발해버렸다. 삼성전자 주가 폭락을 이끈 JP모건의 삼성전자 보고서 발간을 주도한 인물은 JP모건 증권 서울지점 박정준(42) 전무다.

기자가 6월 12일 인터뷰를 위해 박정준 전무에게 전화했을 때 그는 차분하게 말했다. "리포트에 있는 내용이 전부입니다. 그와 관련한 내용은 회사(JP모건) 컴플라이언스(준법 규정) 때문에 지금 말씀드릴 수 있는 상황은 아닙니다. 정말 죄송하지만 컴플라이언스 부서를 통해 (인터뷰 등 관련 내용을 요청) 해주시면 감사하겠습니다."

그는 국내 주식시장에서 반도체 및 IT 리서치 분야의 대표적 애널리스트로 꼽힌다. 세계적 증권사인 JP모건의 '아시아·태평양 반도체 리서치 헤드'이다. 6월 7일자 '삼성전자' 보고서는 '서플라이 체인(카메라모듈, 케이스 업체, AP) 확인 결과, EU와 한국 내수 시장의 부진한 수요로 7월을 시작으로 3분기 월간 주문량이 700만~800만 대 수준(원래 1000만 대)으로 20~30%로 줄었다'는 문장으로 시작한다.

보고서에는 '핸드셋 부문의 이익 하락으로 2013년과 2014년 이익 추정치를 하향시키고, 2013년 12월 기준 210만 원이던 목표(주)가를 190만

원으로 낮춘다. 예상치를 하회하는 (갤럭시) S4의 출하량과 높은 시장 기대치를 감안하면 당분간 (삼성전자의) 주가 상승은 제한적일 전망이다'란 내용도 있다.

JP모건 보고서가 공개되자마자 투자자와 시장은 심하게 요동쳤다. 6월 5일만 해도 152만 1,000원(종가 기준)을 기록했던 삼성전자 주식은 6월 7일 이 보고서가 나오자 한때 142만 4,000원까지 추락했고(6월 6일은 현충일 휴무), 결국 전날 대비 6.18% 하락한 142만 7,000원으로 장을 마감했다. 6월 5일까지만 해도 224조 422억 9,100만 원에 이르던 삼성전자의 시가총액이 하루 만에 13조 8,761억 3,700만 원이 증발하며 210조 1,961억 5,300만 원으로 쪼그라들었다.

삼성전자의 보통주만 하락한 게 아니다. 삼성전자 우선주도 큰 폭으로 하락했다. 6월 5일 95만 원(종가 기준)이던 주가가 6월 7일 8.84%나 떨어진 86만 6,000원으로 급락한 것이다. 21조 6,917억 원을 넘던 삼성전자 우선주 시가총액 역시 19조 7,737억 원대로 추락하며 하루 만에 1조 9,180억 원에 이르는 삼성전자 시가총액이 허공으로 사라져버렸다. 결국 JP모건의 보고서가 나온 6월 7일 단 하루 만에 보통주와 우선주를 합쳐 '15조 7,641억 원'에 이르는 삼성전자 시가총액이 증발한 것이다. 삼성전자 주가가 하루 동안 6% 이상 폭락(보통주 기준)한 건 2012년 8월 27일 이후 처음이다. 당시 미국 법원 배심원단이 삼성전자와 애플 간의 특허소송에서 애플의 손을 들어주면서 삼성전자 주가가 7.45% 하락했었다.

삼성전자 주가 폭락 쇼크는 삼성전자에만 영향을 미친 게 아니었다.

한국 주식시장 시가총액(코스피 기준)에서 20% 이상의 비중을 차지하고 있는 삼성전자가 무너지면서 6월 7일 이후 주식시장 전체를 요동치게 만들었다. 6월 5일 1959.19포인트이던 코스피 지수는 삼성전자 주가가 추락한 6월 7일 하루 35.34포인트가 떨어지며 1923.85포인트로 마감했다. 사실상 코스피 지수 하락분의 70%가 삼성전자 주가 하락률 때문이었다는 분석이 나온다. 한국 주식시장 전체 총액 중 이날 하루 사라져버린 시가총액 규모만 무려 21조 8,232억 9,500만 원에 이른다.

삼성전자 주가 쇼크 이후 시장과 언론은 주가 폭락 그 자체에 집중했다. 보고서 작성을 주도한 JP모건의 박정준 전무에게는 시선이 쏠리지 않았다. 주가 폭락은 박정준 전무의 분석이 옳았다는 방증이었다. 기자는 6월 12일 박정준 전무와 인터뷰를 위해 접촉을 시도했다. 위에서 말한 대로, 박 전무는 JP모건의 삼성전자 보고서가 시장에 불러온 반향을 알기 때문인지 조심스러운 반응을 보였다. 그는 "죄송하지만 컴플라이언스 부서를 통해 주시면 감사하겠다"며 회사의 관련 절차를 밟으면 인터뷰에 응하겠다고 했다.

이에 따라 〈주간조선〉은 6월 13일 JP모건의 컴플라이언스 부서에 '구두 인터뷰 요청'을 했다. 같은 날 JP모건의 또 다른 관계자가 〈주간조선〉으로 연락을 해와 인터뷰 요청을 문서로 해달라고 했다. 이에 〈주간조선〉은 인터뷰 요청서를 JP모건에 발송했다. 이때만 해도 JP모건 관계자 역시 '인터뷰가 어려울 수도 있다'거나 '인터뷰에 문제가 있을 수도 있을 것'이란 점은 생각지 못한 듯했다. 하지만 다음 날인 6월 14일 JP모건 증권 서울 지점의 컴플라이언스 관계자는 "시장이 최근 JP모건 보고서 등 삼성전자와 관련된 내용을 민감하게 보는 것 같다"며 "JP모건 홍콩법인에서 '다음에, 더 좋은 기회에 (박 전무에 대한) 인터뷰를 진행하자'는 의견을 전해왔다"며 박 전무 인터뷰가 어렵다고 밝혔다.

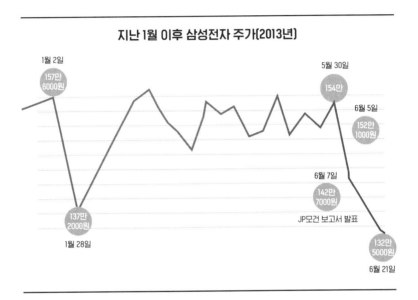

지난 1월 이후 삼성전자 주가(2013년)

1월 2일
157만 6000원

1월 28일
137만 2000원

5월 30일
154만

6월 5일
152만 1000원

6월 7일
142만 7000원
JP모건 보고서 발표

6월 21일
132만 5000원

JP모건 보고서를 쓴 박정준 전무는 시장에서 '객관적 분석에 충실한 애널리스트'로 알려져 있다. 기업 실적이나 영업 상황, 시장 전체 상황 등에 대한 객관적 검증·분석을 하기보다 무조건 '매수'를 외치거나 경쟁하듯 목표주가를 올려놓고 보는 국내 몇몇 증권사와 애널리스트들에 비하면 상대적으로 '객관적'이라는 것이다. 때문에 반도체 및 IT 관련 리서치 분야에서 박 전무에 대한 시장의 신뢰도는 꽤 높은 것으로 알려져 있다.

익명을 요청한 한 외국계 투자사의 임원은 "박 전무에 대해 많이 알지는 못하지만 신중한 분석을 하는 것으로 알려져 있다"며 "분석 능력, 신뢰도, 평판 등 애널리스트로서 많은 부분에서 상당히 높게 평가받는 것으로 알고 있다"고 했다. 그는 "세계 최고 IB(투자은행) 중 한 곳인 JP모건에서 리서치 헤드를 맡고 있다는 것만으로도 능력과 신뢰도는 검증된 것으로 인정해야 한다"고 했다.

박 전무는 2000년 이전 미국 인디애나 대학에서 MBA를 마치고 하이닉스 반도체(현 SK하이닉스)에 입사해 IR(Investor Relations·주식 및 투자 담당) 담당자로 일한 경력이 있다. 그래서인지 박 전무는 산업 현장에 대한 이해도가 있는 애널리스트로 꼽힌다. 그가 산업 현장에서 자본 시장으로 진로를 바꾼 건 2001년이다.

2001년 하이닉스 반도체를 퇴사한 후 곧바로 굿모닝신한증권(현 신한투자증권)에 반도체 산업 담당 애널리스트로 입사하면서 본격적으로 자본 시장과 인연을 맺었다. 그리고 2001년 외국계 ING베어링(현 맥쿼리증권)으로 자리를 옮겼고, 얼마 지나지 않아 지금의 JP모건 리서치센터에 둥지를 틀었다.

박정준 전무는 올해로 13년째 애널리스트로 활동하고 있다. 이 중 애널리스트 생활을 처음 시작한 2001년 단 한 해를 빼곤 12년을 줄곧 외국계 투자은행과 증권사에서만 애널리스트로 일하고 있다. 이런 경력 때문인지 사실 박 전무는 국내 시장보다는 아시아·태평양 시장에서 'JJ Park'이란 이름으로 더 많이 알려져 있다. 박 전무에게 전화를 했을 때 그가 부재중임을 알리는 자동응답 메시지에서조차 그는 '박정준'이 아닌 'JJ Park'으로 자신을 소개하고 있다.

박 전무가 한국 시장에 자신의 존재감을 인식시킨 건 2005년쯤부터다. 2005년에도 삼성전자는 한국 시장을 상징하는 대표 기업이었다. 이 때문인지 당시에도 대부분의 국내외 증권사와 애널리스트들은 삼성전자의 기업 분석과 매수 추천, 목표주가에 대해 맹목적이라고 할 만큼 매우 후한 점수를 남발하고 있었다.

'적극 매수Strong Buy'와 '매수Buy' 투자 의견이 범람하던 2005년 9월, JP모건 애널리스트로 있던 박 전무는 삼성전자에 대해 '중립' 투자 의견을 내놓았다. 삼성전자에 대한 박 전무의 '중립' 투자 의견은 2005년 9월부터 2007년 11월까지 2년 넘게 유지됐다. 2007년 11월 투자 의견을 '비중 확대'로 상향하기까지 2년 동안 그는 삼성전자에 대해 '매수' 의견을 제시하지 않았던 것으로 알려져 있다. 이 기간 삼성전자 주가는 2006년 1월 잠시 70만 원대를 뚫긴 했지만, 나머지 2년여 동안 50만 원대 초·중반에서 60만 원대 중반을 오르내리는 지루한 박스권에 갇혀 있었다.

당시 시장과 투자자들에게 삼성전자에 대한 박 전무의 분석과 관점이 신선하게 받아들여졌다. 그런 신선함과 합리적이고 객관적인 분석이 알려지면서 박 전무에 대한 시장 신뢰도와 영향력이 높아지게 된 것이다. 그랬던 박 전무가 지난 6월 7일 다시 삼성전자에 대해 2013년 이익 추정치 하향을 언급하며, 210만 원으로 제시돼 있던 2013년 연말 기준 목표주가를 190만 원으로 낮춘 것이다. 당분간 주가 상승이 제한적일 것이라는 전망까지 내놓았다.

박 전무가 6월 7일 보고서를 통해 기본적으로 목표주가를 낮추고 제한적 주가 상승 전망을 내놓은 건 사실이다. 하지만 그의 보고서를 끝까지 보면 상대적으로 긍정적인 전망도 나온다. '노키아의 전철을 따르지는 않을 전망'이란 점과 '삼성전자의 이익 모멘텀이 온전해 시장의 기대가 리셋됐을 때 주가는 결국 우상향(상승)으로 갈 것으로 보고 있다'는 점을 분명히 밝히고 있기 때문이다.

문제는 시장과 투자자들이 이런 내용보다 '1000만 대 수준이던 월간 주문량이 3분기 700만~800만 대 수준으로 20~30%로 줄었다'는 삼성전자 스마트폰 주문량 축소나, '(갤럭시) S4의 모멘텀이 (갤럭시) S3보다 더 빨리 약해지고 있다.… 예상치를 하회한 고성능 스마트폰 출하량이 마진을 낮출 것으로 예상된다'는 마진 감소, 또 '2013년, 2014년 이익 추정 하향, 목표주가 하향, 주가 상승 제한적'이란 내용에 더 강하고 민감하게 반응했다는 것이다. 이것이 6월 7일 이후 삼성전자 주가 폭락을 이끈 주된 원인인 것이다.

JP모건 박정준 전무의 보고서가 나온 후 삼성전자 주가가 맥을 못 추자 국내 언론과 금융·시장 감독 당국은 이에 대한 다양한 해석을 내놓고 있다. 특히 이들은 삼성전자 주가 급락 사태와 관련해 확인이 쉽지 않은 섣부른 설들도 쏟아내고 있다. 일부 언론은 '외국계 보고서의 불편한 진실'이나 '외국계 보고서 그들만의 작전' '삼성전자 이상한 주가 폭락' 식의 기사를 통해 일종의 '음모론'을 거론하는가 하면, 배당을 두고 삼성전자와 몇몇 외국계 자본 간의 보이지 않는 기싸움 과정에서 벌어진 외국계 자본의 '삼성전자 길들이기'라는 설까지 거론했다. 심지어는 'JP모건 보고서가 나오기 2~3일 전 JP모건의 고객사들이 발표 내용을 알고 미리 선물·옵션 투자를 했거나 공매도에 나선 것 아니냐는 설도 나돌고 있다'는 식의 무책임한 기사까지 등장했다.

금융감독원과 한국거래소 등 금융 당국 역시 익명으로 언론에 "시장에서 여러 논란이 계속되고 있어 의심 거래가 있는지를 거래소와 함께 살펴보고 있는 상황"이라거나 "삼성전자가 최근 폭락 사태를 보이고 있어 의심스러운 거래가 있는지를 집중적으로 감시하고 있다"는 식의 언급을 했다. 더욱이 "부정적인 외국계 리포트를 사전에 입수해 미리 파생상품 시장에서 풋옵션을 사거나 아니면 콜을 미리 팔거나 해서 부당이익을 취할 수 있는 가능성은 있다"는 식의 언급도 했다.

삼성전자 주가와 한국 주식시장이 심하게 요동치게 된 데는 JP모건의 보고서가 도화선이 됐다. 하지만 그 보고서가 나온 이후 보고서의 내용을 면밀히 분석하고 그 정확성을 확인하려는 작업보다, 사실 확인조차 어려운 '음모론'부터 언급하는 몇몇 언론과 금융 당국의 반응이 시장과 투자자들에게 더 큰 불확실성을 주고 있는 것도 사실이다. 시장이 가장 싫어하는 '불확실성'을 해소하는 최선의 방법은 합리적이고 객관적인 분석을 시장과 투자자들에게 가감 없이 보여주며 그것이 얼마나 사실과 부합하는지를 따지는 노력일 것이다.

하이닉스 저격수

20년 넘게 애널리스트 생활을 하는 동안 내 이름에 늘 따라다닌 수식어는 하이닉스 출신 애널리스트였다. 하이닉스를 떠난 지 20년이 넘는데도 그 수식어는 사라지지 않았다. 물론 싫었다는 얘기는 아니다. 하이닉스는 나의 친정이자 애널리스트가 된 계기를 마련해준 회사이고 하이닉스의 흥망성쇠를 경험하면서 정말 좋은 사람들을 많이 만났다.

솔직히 초반에는 하이닉스 출신 애널리스트로서 하이닉스 내부 사정을 꿰고 있었다. 그 뒤로도 하이닉스 내 IR뿐만 아니라 여러 사업부(영업, 마케팅, 재무, 회계팀 등)로부터 지속적으로 정보를 얻다 보니 시장에 있는 다른 애널리스트들보다 하이닉스 내부 사정을 잘 알고 있었다.

하지만 숲을 봐야 하는 애널리스트의 본분에서 벗어나 나무를 보고 하이닉스 주가를 판단한 경향이 있었다. 애널리스트 생활 초기에는 하이닉스 주가도 좋지 않은 시기여서 매수 의견이 지배하는 시장에서 부정적인 의견을 내는 애널리스트로서 나름대로 두각을 나타내기도 했다. 하지만 그 후 오랜 기간 동안 하이닉스 주가의 움직임과 반대로 중립이나 매도 의견을 내서 주가 방향과 거꾸로 간 적도 여러 번 있었다. 물론 하이닉스를 계속 나쁘게 보지는 않았지만 상대적으로 하이닉스에 대해 객관적인 판단을 하지 못했던 것 같다.

재미있는 얘기를 하나 해볼까 한다. 반도체 경기가 좋아진다고 생각하면 삼성전자 직원들은 SK하이닉스 주식을 사고 SK하이닉스 직원들은 삼성전자 주식을 산다. 회사에 몸담고 있는 사람들은 자기 회사의 세세한 사정을 알고 늘 문제점을 생각하다 보니 남의 떡이 더 커 보이는 게 아닐까 싶다.

내부인인 하이닉스 직원의 시각으로, 또 외부인인 담당 애널리스트의 시각으로 거의 30년 동안 SK하이닉스를 지켜보며 누적한 경험치를 바탕으로 말하면 환골탈태라는 표현이 딱 맞는 것 같다. 구제금융을 두 번, 주인이 바뀌는 사건을 세 번 겪고(현대그룹, 채권단, SK그룹) 지난 30년 동안 늘 차입금과 이자 비용 부담에 시달리면서도 SK하이닉스는 시설과 연구개발에 대한 끊임없는 투자가 필요한 장치산업의 특성에 맞게 회사의 체질을 잘 개선한 듯하다.

투자 효율성 제고 및 원가절감이라는 기본적인 전략 외에도 SK하이닉스는 메모리 산업 만년 2등 업체로서 생존을 위해 새로운 고객을 지속적으로 발굴하는 전략을 취했다. 그리고 그 전략이 현재 SK하이닉스가 HBM에서 거둔 성공의 실마리를 제공했다.

애널리스트 생활 동안 실적이나 주가의 흐름을 잘 맞힌 적도 많지만 틀린 경우도 많았다. 시장에서의 이미지도 JP모건의 'JJ'는 비관론자 성격이 강했던 것 같다. 하지만 내가 낸 의견과 주가가 반대로 간다고 해도 한 번도 숨지 않았다. 오히려 더 많은 리포트를 내고 컨센서스(시장의 예상치)와 차별화를 강조했다. 주가는 매일 오를 수도 없고 또 매일 떨어지지도 않는다. 투자자들은 아무리 좋은 주식이라도 위험 요소를 인지하기를 원한다. 그리고 위험 요소에 대해 충분히 인지하고 나서야 좀 더 적극적인 투자를 한다. 나는 투자자들의 이런 니즈를 파악해 시장에 전달하는 역할을 한 듯싶다.

주식은 늘 사는 사람과 파는 사람이 존재하고 같은 정보에도 한쪽은 사고 한쪽은 팔기 때문에 주식 거래가 일어난다. 따라서 일방적인 정보를 가지고 투자를 판단하기보다는 위험과 수익을 고려하고 긍정적인 요소와 부정적인 요소를 다 고려해서 판단해야 한다. 너무 당연한 이야기지만 위험이 없는 수익은 존재하지 않는다. 누군가가 은행 이자율 이상의 수익을 100% 보장한다면 그것은 다 사기라고 생각해도 된다.

30년 가까운 직장 생활 중 인생 멘토에게 배운 점

JP모건에서 멘토로 삼았던 닥터 스콧Dr. Scott이라는 미국인 매니저가 있었다. 그 양반이 "직장 생활 중에 'Comfort Zone(편안한 상황)'이 너무 오래가면 안 된다"는 조언을 해준 적이 있는데, 잊지 않고 가슴에 새기고 있다. 돈을 받고 일하는데 어느 정도 긴장과 힘든 상황Challenge이 있어야지, 일을 하면서 일 자체가 아주 편하고 현재 상황이 매우 만족스럽다는 생각이 든다면 자신이 뭔가 잘못하고 있고 경쟁에서 뒤처진다는 의미다.

매니저로서 오랫동안 직장생활을 하면서 뼈저리게 느낀 점이 위로 올라갈수록 본인을 롤모델로 삼고 일하는 직원들을 생각해야 하고 시니어가 될수록 대표성을 가져야 한다는 사실이다. 시니어는 자기 자신을 대표할 뿐만 아니라, 본인의 행동을 통해 가족, 출신 지역, 출신 학교, 친구 등을 대표하기 때문에 책임의식을 가지고 행동해야 한다. 그러기 위해서는 본인이 끊임없이 발전하는 모습을 보여줘야 한다. 부하 직원이 보기

에 상사가 자신과 크게 다를 바가 없다고 생각하는 순간 조직에 도움이
되지 않는다.

13년에 걸친 임원 생활 동안 한국뿐 아니라 대만과 일본 등에서 많은
사람들을 뽑고 내보내는 일을 반복하다 보니 나름대로 노하우도 생겼는
데, 단순히 일을 잘할 듯싶은 사람보다 문제가 생겼을 때 피하지 않고 잘
해결해나갈 듯한 사람을 선호하게 된 것 같다.

지원자들이 인터뷰 이후에 나한테 가장 많이 하는 질문이 '직원을 뽑
을 때 가장 중요하게 생각하는 요소가 무엇인가'인데, 나는 이렇게 대답
하곤 한다. 첫 번째로 목표가 뚜렷한 사람인지, 두 번째로 인생에서 힘든
일을 견디고 잘 이겨낸 사람인지, 세 번째로 본인이 하고자 하는 일에 열
정이 있고 왜 JP모건이 본인을 뽑아야 하는지 설득력 있게 설명하는 사
람인지 본다고 얘기한다. 결국 겉으로 능력 있어 보이는 사람보다는 힘
든 상황을 잘 견디고 해결할 수 있는 마음가짐을 지닌 사람인지 여부가
가장 중요한 것 같다.

이력서에 기재된 학력도 중요하고 학점도 중요하지만, 가장 중요하
게 보는 요소는 인턴 경험과 봉사 경험 아니면 학교 외의 활동들이다.
학점, 영어 성적은 대동소이하기 때문에 차별화를 두기 힘들다. 그런데
학교 생활 이외의 활동을 살펴보면 다양하고 지원자 본인만 경험한 특
별한 활동이 많다. 학내 활동도 중요하지만 학교라는 울타리를 벗어나
사회인으로서의 활동을 쌓는 쪽이 원하는 직장에 들어가는 데 더 유리
할 것이다.

이번에는 JP모건의 최장수 회장 제이미 다이먼Jamie Dimon 얘기를 해

볼까 한다. 일반인들에게는 낯선 이름일 수 있겠으나 금융업계 사람들에게는 너무나 익숙한 이름이다. JP모건에서 2006년부터 CEO와 이사회의장으로 재임 중인 인물인데, 아마도 미국에서 오너가 아닌 전문 CEO 가운데 최고경영자로 가장 오래 근무한 사람이 아닐까 싶다. 참고로 뱅크원BankOne에서 2000년부터 CEO를 했으니 거의 25년 동안 회사의 최고경영자로 일한 사람이다. 다이먼 회장은 월가의 황제로 불리고 정치권에서도 늘 재무장관 1순위로 뽑힌다. 개인 재산도 20억 달러, 한화 3조 정도로 오너가 아닌 전문경영인이 이 정도 재산을 모은 사례는 역사상 없을 듯싶다.

다이먼 회장은 아시아 출장을 오면 가끔 한국에 들러 직원 등을 대상으로 타운홀미팅Town hall meeting을 하고 자유로운 질문을 받는데, 인상 깊었던 대답이 있다. 직원 중 한 명이 JP모건에서 CEO가 된 비결이 무엇이냐고 물어보자 다이먼 회장은 이렇게 답변했다.

"내가 JP모건 CEO가 되고 이렇게 오래 일할 줄 알았겠나?"

"대학 졸업하고 직장에 다니며 맡은 바 임무에 최선을 다하니 기회도 왔다. 또 그 기회를 놓치지 않기 위해 더욱 최선을 다해 일하다 보니 자연스럽게 이 자리에 오르게 되었다."

"나도 여러분과 출발점이 똑같고 지금도 내가 맡은 자리에서 내가 해야 할 일을 그냥 열심히 할 뿐이다."

사람들은 현재의 위치만 보고 그 사람이 특별하다고 생각하는데 현재의 위치가 특별한 것일 뿐이지 특별한 사람만이 특별한 위치에 오르는 것은 아니라는 뜻이다. 자기에게 주어진 일을 열심히 하면 기회가 오는

데, 누구는 그 기회를 그냥 지나쳐가고 누구는 그 기회를 놓치지 않기 위해 한 걸음씩 올라간다는 얘기다.

많은 사람들과 일을 하다 보니 결국 주어진 일에 최선을 다하는 사람은 그 자리에서 계속 올라가든지 아니면 다른 곳에서 인정을 받게 된다. 하지만 자기가 하는 일 자체가 계속 불만스럽고 이런저런 핑계만 대는 사람들은 결국 도태되고 마는 듯하다.

2 애널리스트 박정준이
추천하는 이기는 투자 정보

사이클 매매 vs. 장기 투자, 어느 쪽이 이길까?

주식에서 돈 잃지 않는 방법

증권사에서 오랜 기간 동안 애널리스트로 일하면서 주위에서 가장 많이 받은 질문이 "주식 언제 사야 합니까?"이다. 그럴 때마다 나의 답변은 "일단 질문이 틀렸습니다"이다. 언제 사느냐가 중요한 게 아니라 어떤 주식을 사느냐가 중요하고, 주식의 고점과 저점은 신도 모른다고 얘기한다. 너무 기본적인 얘기지만 좋은 주식을 사서 장기 투자하는 게 결국 투자로 수익을 얻는 방법이다. 개인이든 기관이든 타이밍을 보고 주식을 사고팔면 주식 거래 수수료가 수익 모델인 증권사만 돈을 버는 법이다.

주식투자의 3대 원칙은 첫째 '내 돈으로 투자', 둘째 '오를 듯한 주식이 아니라 안 떨어질 듯한 주식에 투자', 셋째 '아는 것에 투자'이다. 내 돈이 아니고 빌려서 투자하면 장기 투자를 할 수 없고, 모르는 것에 투자하면 주가가 오르고 내릴 때 왜 오르고 내리는지 몰라서 결국 장기 투자를 할 수 없다. 그리고 당장 오를 듯한 주식은 결국 시장에서 그 당시 사람들이 좋아하는 주식이고 이미 모든 재료가 반영된 주식이라 단기적으로 접근하게 되고 투자해도 큰 수익을 얻기 힘들다.

이 3대 원칙을 지키기가 어렵다면 나는 지수Index를 추천한다. 개인적으로 한국 지수(예: 코스피)보다는 미국 지수를 추천한다(예: S&P500, 나스닥100, 다우존스, 필라델피아 반도체 지수). 개인 투자자가 어떤 주식을 살지 고민할 필요 없이 가장 좋은 주식만 골라서 투자해주는 게 지수 투자이다. 투자와 투기는 한 끗 차이다. 단기간에 큰 수익을 얻기 위해 돈을 넣으면 투기가 되고 같은 자산이라도 오랜 기간 동안 돈을 묶어둘 생각을 하면 투자가 된다. 투기로 접근하느냐 아니면 투자로 접근하느냐에 따라 투자 자산에 대한 시각도 달라진다.

나스닥100

미국 나스닥 시장 상장 종목 중 시가총액이 크고 거래량이 많은 100개 비금융 업종 대표 기업으로 이루어진 지수를 나스닥100 지수라 한다. 애플, 아마존, 메타, 테슬라 등 중요 기술 기업이 포함되어 있어 기술주 투자자에게 중요한 지표이다.

요즘 외국인 투자자들은 한국 주식에 대한 관심이 많이 떨어진 상태이다. 과거에는 신흥국 가운데 한국이 차지하는 비중이 높아서 신흥국에 투자하는 외국 투자자들은 투자 대상에 한국을 꼭 포함시켜야 했다. 하지만 지금은 신흥국 안에서 과거보다 중국, 인도, 대만이 커졌고 한국에서 투자할 만한 주식도 많지 않은 상태이다.

한국에 투자를 하더라도 하향식top-down으로 접근할 수 있는 주식에

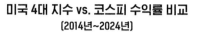

미국 4대 지수 vs. 코스피 수익률 비교
(2014년~2024년)

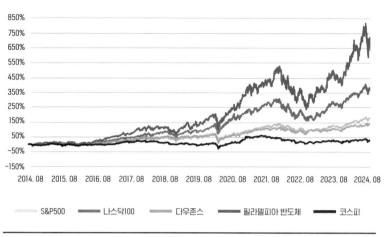

S&P500 ── 나스닥100 ── 다우존스 ── 필라델피아 반도체 ── 코스피

[출처: 인베스팅닷컴]

만 투자하고 있다. 예를 들어 반도체 경기가 좋아지면 한국 반도체 주식을 사거나 오일 가격이 오르면 정유주를 사는 것처럼 내수시장에 의존하는 주식보다는 수출주 가운데 국제 경쟁력이 있는 주식을 주로 거래한다.

한국 시장은 다른 나라와 다르게 모든 산업군이 존재한다(IT, 금융, 자동차, 화장품, 인터넷, 식료품, 통신, 중공업, 바이오 등). 하지만 내수시장에만 의존하는 회사들은 인구 감소와 노령화 사회라는 구조적인 문제로 인해 소비가 계속 위축될 수밖에 없기에 전망이 밝지 않다. 따라서 한국뿐 아니라 여러 나라에 투자하는 외국인 투자자 입장에서 한국 주식 중 내수에 집중한 회사들은 투자 가치가 크지 않다.

출산율이 0.7로 전 세계에서 가장 낮고 내수시장도 점점 위축돼가는 상황이라 외국인 투자자 입장에서 내수주를 상향식bottom-up으로 분석해 투자하는 일은 시간과 노력 대비 수익이 나지 않는 작업이다.

한때 국민주라고 일컬어졌던 카카오 주가가 7월 22일 기준으로 2024년에만 25% 이상 하락했다. 종가 기준 역대 최고점을 기록했던 지난 2021년 6월 23일(16만 9,500원)과 비교하면 하락률은 무려 77%에 이른다. 그 외의 카카오 계열사인 카카오게임즈, 카카오뱅크, 카카오페이도 고점 대비 주가 하락폭이 80%에서 최고 90% 가까이 되니 3년도 안 돼서 원금의 90%가 없어진 셈이다. 2024년 1분기 말 기준 카카오의 소액주주 규모는 180만 명으로 삼성전자에 이어 2위를 차지했다. 따라서 개인이 개별 주식에 집중 투자하는 일은 엄청난 위험을 감수하는 모험이다.

부동산 불패?

주식으로 돈을 벌었다는 사람들보다 아마 부동산으로 돈을 벌었다는 사람들이 주위에 훨씬 더 많을 것이다. 가장 큰 이유는 주식과 다르게 부동산은 환금성이 떨어지고 사람들이 부동산을 사면 유동성도 떨어지고 매매 차익에 대한 과세 등을 고려해 일단 장기 투자를 염두에 두기 때문이다. 만약 부동산이 주식과 같이 시세가 계속 변하고 언제든지 팔 수 있으면 부동산으로 돈을 번 사람들 현재의 백분의 1, 아니 만분의 1도 안 될 것이다.

주가는 초 단위로 변하고 언제든지 확인할 수 있다. 그리고 사거나 팔

[단위: KRW]

카카오 계열사 주가 트렌드

238,500

250,000

200,000

169,500

150,000

107,500

100,000

50,000

39,050

25,000

18,180

0

2021.6.23 2021.8.23 2021.10.23 2021.12.23 2022.2.23 2022.4.23 2022.6.23 2022.8.23 2022.10.23 2022.12.23 2023.2.23 2023.4.23 2023.6.23 2023.8.23 2023.10.23 2023.12.23 2024.2.23 2024.4.23 2024.6.23

━━ 카카오 ━━ 카카오게임즈 ━━ 카카오페이

[출처: 인베스팅닷컴]

고 싶으면 손쉽게 할 수 있다. 주식은 환금성이 투자 자산 중 가장 높아서 소액으로도 투자가 가능하다. 그런 이유로 누구든 투자에 입문하기 쉬운 분야이다. 하지만 동시에 이런 환금성은 장기 투자를 방해하는 가장 큰 요소이기도 하다. 자기가 가진 주식이 조금만 오르면 팔고 싶은 유혹이 생기고 2배가 오르면 아마 대부분의 투자자들은 차익을 실현할 것이다. 그래서 텐배거Ten bagger(10배의 수익률을 낸 주식 종목)가 된 종목은 많이 있어도 10배의 수익을 얻은 투자자는 거의 없는 게 현실이다.

또한 부동산은 보유 기간 동안 보유세, 재산세 등의 세금을 내야 하고 매매차익에 대해서도 세금을 내야 한다. 반면 주식은 대주주나 비상장주식, 장외거래가 아닌 경우 배당소득세를 제외한 상장주식의 매매차익에 대해서는 면세를 해준다.

물론 해외 주식에 대해서는 매매차익에 대해 22% 양도세를 납부해야 한다. 참고로 배당소득세는 2,000만 원 초과시 종합소득세 신고 대상이라 추가로 세금을 내야 하지만, 이자소득 등이 포함된 금융소득이 2,000만 원이 넘는 사람은 일반 투자자 가운데 많지 않을 것이다.

개별 투자 vs. ETF 투자,
어느 쪽이 유리할까?

펀드매니저의 투자 방식도 시대가 지나면서 많이 변했다. 20년 전에는 투자자 미팅에서 가장 중요하게 보았던 사항이 개별 회사의 분기별 매출, 영업이익, 순이익 등이었다. 따라서 매출에 대한 자세한 가정과 원가 분석이 가장 중요한 투자 포인트였다. 결국 투자를 위한 회사 분석에 있어서 상향식 분석이 대세였다. 그래서 투자자 미팅 때는 늘 노트북을 들고 가서 수익추정모델이 있는 엑셀 자료를 보여주면서 주요 가정에 대해 설명하는 일이 미팅의 대부분을 차지했다.

하지만 시대가 지나고 산업의 종류와 투자 대상 자산들이 증가함에 따라 하향식 분석의 방향으로 흘러가고 있다. 개별 회사의 재무 자료보다는 산업의 트렌드, 새로운 기술, 특정 산업과 관련된 회사들이 더 중요해지면서, 개별 회사 자체에 대해 상향식 분석을 하기보다는 새로운 트렌드가 무엇인지 찾아 그와 관련된 회사들을 파악하고 그런 회사 중 가장 큰 혜택을 보는 회사에 투자하는 것이 요즘 기관 투자자들의 투자 방식이다.

따라서 개별 회사의 단기적인 실적에 대해서는 관심이 떨어졌다. 이런 트렌드에 맞추어 애널리스트들도 회사의 재무 상황보다는 산업의 트렌드와 담당하는 회사뿐 아니라 공급망에 관련된 회사들로 분석 범위를 확장하게 되면서 개별 주식에 대한 깊이보다는 넓이가 점점 더 중요해지고 있다. 다시 말하면 특정 트렌드와 관련된 회사들을 파악해 그 트렌드에 편승해 가장 혜택을 많이 받는 회사를 추려내는 것이다.

특히 지난 몇 년 동안은 상장지수펀드가 대세로 자리잡았다. 이에 발맞춰 자산운영사들도 과거처럼 상향식 분석을 통해 주식을 사서 포트폴리오를 구성하는 투자 방식에서 벗어났다. 섹터나 지역 혹은 테마를 기준으로 포트폴리오를 구성하는 것이 현재 국내외 기관 투자자들의 주요 투자 방식이다.

상장지수펀드(ETF, Exchange Traded Fund)

인덱스 펀드를 거래소에 상장해 투자자들이 주식처럼 편리하게 거래할 수 있도록 만든 상품이다. 투자자들이 개별 주식을 고르기 위한 수고를 하지 않아도 되는 펀드 투자의 장점과, 언제든지 시장에서 원하는 가격에 매매할 수 있는 주식투자의 장점을 모두 지닌 상품으로, 인덱스 펀드와 주식을 합쳐놓은 것이라고 생각하면 된다. 최근에는 시장 지수를 추종하는 ETF 외에도 배당주나 가치주 등 다양한 스타일을 추종하는 ETF가 상장되어 있다.

따라서 개인 투자자들도 예전처럼 특정 주식을 집중적으로 분석하고 과거 주가 흐름을 기반으로 한두 종목에 집중 투자하는 방법으로는 초과수익률을 내기 힘들다. 나는 지난 몇 년 동안 미국 주가지수(S&P, 나스닥, 다우존스 등)로 구성된 ETF를 추천하는 전도사 역할을 했다. 하지만 수

많은 ETF 중 섹터 ETF는 투자 대상에서 제외했다. 섹터 ETF는 결국 회사는 여러 개이지만 주가 방향은 동일해 하나의 주식을 사는 것과 마찬가지이기 때문에 추천하지 않고 있다.

2022년과 2023년에 가장 핫한 섹터는 이차전지 섹터였다. 2023년 상반기에 이차전지 관련 주가가 급격히 오르면서 증시를 주도했지만, 2023년 7월을 기점으로 일제히 차익 실현 매물이 쏟아지고 실적 둔화에 대한 우려와 더불어 밸류에이션에 대한 이슈로 조정이 시작됐다.

섹터 ETF는 많은 주식으로 구성이 되어 있지만 산업군이 같기 때문에 주가 움직임은 똑같다. 따라서 액면만 포트폴리오지 실제 분산 투자로 인한 리스크 헤지가 이루어지고 있지는 않다.

주요 이차전지 ETF 고점 대비 주가 하락률

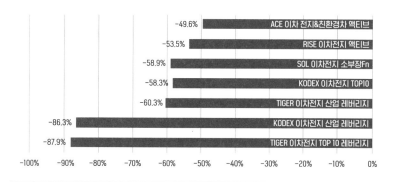

[출처: 머니투데이]

비과세 상품+투자에 돈을 써라

"세금도 비용이다." 국세청에서 들으면 굉장히 싫어할 말이지만 세금은 투자에 있어 가장 큰 비용이다. 세금을 줄일 수 있는 투자가 가장 좋은 투자이다. 투자에 대한 수익은 불확실성이 많다. 언제 오를지 얼마나 오를지 알 수 없다. 하지만 투자에 부과되는 세금은 확실하고 배당소득세, 이자소득세, 종합소득세 등 많은 세금을 내야 한다. 따라서 비과세 상품, 절세 상품, 세금 혜택 상품 등에는 무조건 투자해야 한다. 또한 자신의 소득과 비교해 투자 소득에 대한 세금도 고려해야 한다.

정부에서 투자 수익에 대해 세금을 줄여준다는 말은 결국 정부가 비용을 부담한다는 뜻인데 거기에 투자를 안 한다는 것은 상식적으로 말이 안 된다. 개인적으로 지난 수십 년 동안 많은 자산과 투자 상품에 투자했지만 지금까지 가장 성공적인 투자는 저축성보험이다. 10년 이상 유지하고 있으면 비과세가 되는 상품이다. 투자할 때는 10년이 길다고 생각했는데 지나고 보니 10년도 금방 흘러갔다. 물론 펀드나 ETF도 장기 투자로 수익을 확보할 수 있지만 나중에 환매할 때 수익에 대해 세금을 내야 하기 때문에 실제 수익은 낮아질 것이다.

이런 얘기를 하면 많은 사람들이 쓸 돈도 없는데 어떻게 투자를 하냐고 반문하곤 한다. 내 말은 투자에 우선 돈을 쓰라는 뜻이다. 어차피 돈을 벌지 못하면 쓰지도 못하는 것이고 돈을 벌었을 때 투자에 돈을 먼저 쓰고 남은 금액을 쓰라는 얘기다. 아무리 돈을 많이 벌어도 쓰는 게 많으면 어차피 투자할 돈이 남지 않는다. 돈을 모으는 데는 얼마를 버느냐가 중요한 게 아니라, 쓰고 내 손에 남는 게 얼마인가가 중요하다. 따라서 "일단 투자에 돈을 써라."

나를 알고 투자 상품을 선택하라

은행이나 증권회사 등에 방문하면 다양한 투자 상품을 추천해준다. 물론 그중 나에게 맞는 상품도 있지만 대부분 그때 유행에 따라 은행이나 증권사 등 회사 차원에서 프로모션하는 금융 상품을 고객에게 추천하고 판매한다.

투자 상품을 사는 일은 옷을 사는 일과 같다. 좋은 옷이라고 해서 모두 나한테 맞지는 않는다. 성별도 다르고 신체 조건도 다르고 나이대도 다른데 모두 같은 옷을 입을 수는 없다. 따라서 "투자자 본인에게 맞는 옷을 찾아야 한다." 본인에게 잘 맞는 옷을 고르기가 어렵다면 앞서 얘기한 지수에 투자하는 것도 좋은 방법이다.

자기에게 맞는 옷, 즉 투자 상품을 고를 때 가장 중요하게 고려해야 하는 요소는 본인의 현금 흐름이다. 최소한 향후 3~5년의 수입과 지출을 고려해 투자 상품을 정하고 거기에 맞는 금액을 넣어야 한다. 자산이 있다고 하면 자산 중 금융 자산 비중이 얼마인지, 또 금융 자산 중 위험 자산 비중이 얼마인지 파악해서 투자 상품을 선정할 때 고려해야 한다.

개인적으로 부동산도 위험 자산이라고 생각한다. 부동산 자체는 유동성이 떨어지고 경기에 따라 가격 변동도 심하기 때문에 부동산을 위험 자산에 포함시켜, 자신의 자산을 위험 자산과 안정 자산으로 나누어 구성해 관리해야 한다. 나보다 나 자신을 잘 아는 사람은 없을 것이다. 다른 사람한테 잘 어울리는 옷이 막상 내가 입으면 안 어울릴 수 있다는 점을 명심해야 한다.

일반 투자자들의 오류

"무릎에서 사서 어깨에서 팔아라."

주식시장에서 많이 듣는 격언이 바로 "무릎에서 사서 어깨에서 팔아라"
이다. 주로 차티스트Chartist들이 많이 쓰는 말이다. 참고로 차티스트란
과거 주가 흐름을 보여주는 차트 및 그래프를 기준으로 향후 동향을 예
측하는 사람을 말하며, 기술적 분석을 매매의 주요 근거로 삼는 트레이
더를 지칭한다.

저 격언은 특정 종목의 과거 주가 트렌드를 기준으로 바닥에서 사기
는 힘드니 오르는 초기 단계에 주식을 매입하고, 주가 꼭짓점에서 팔기
힘드니 주가가 꺾이기 전에 팔라는 뜻이다.

차트를 가지고 설명하면 굉장히 그럴듯하고 3개월, 6개월 이동평균선
까지 보여주면 매수와 매도 타이밍을 정확히 알려주는 듯하다. 그런데
여기에 큰 오류가 있다. 답을 보고 문제를 푸는 건데 문제가 바뀐다는 사
실이다. 즉 주가는 매일 변하기 때문에 차트의 형태도 바뀐다. 또한 개별
회사의 비즈니스 모델이 천차만별인데 차트를 통한 주식 매매 방식은
똑같다. 즉 삼성전자와 카카오가 같은 회사라고 보는 것이다. 기업의 가

치와 관계없이 데이트레이더day trader(단기적으로 주식을 매매하는 사람)들한 테는 어느 정도 설득력이 있을 수 있지만, 주식을 투자의 개념으로 보는 사람들에게는 설득력이 떨어지는 격언이다.

"소문에 사고 뉴스에 팔아라."

주식은 기대감에 따라 움직이기 때문에 이벤트가 발생하기 전에 오르고 막상 기대했던 이벤트가 발생하고 난 뒤에는 오히려 주가가 하락한다는 뜻에서 나온 말이다. 이 말은 반은 맞고 반은 틀리다.

일단 요즘 같은 정보화 시대에는 각종 소문이 넘쳐난다. 온라인 매체 뿐 아니라 주식 동아리, 텔레그램 같은 SNS까지 보편화되어 정보의 비대칭은 점점 사라지고 있다.

하지만 정보의 비대칭성보다 더 중요한 것은 정보의 신뢰성이다. 너무 나 많은 정보가 넘쳐나기에 어떤 정보가 맞는지 틀리는지 개인 투자자 들이 판단하기란 쉽지 않다. 애널리스트의 주요 업무 중 하나는 담당하 는 기업이나 산업에 대한 이벤트나 뉴스가 나오면 신뢰성 여부를 파악 하고 신뢰성이 있는 정보라면 주식에 미치는 영향을 수치화하는 일이다. 어떤 뉴스가 매출과 이익에 미치는 영향과 그로 인한 주가의 상승폭과 하락폭이 어느 정도인지 수치화하는 것이다.

따라서 소문에 사는 것 자체가 좋은 투자 방법은 아니다. 보통 개인이 소문의 신뢰성을 판단하고 실제 주가에 미치는 영향을 수치화하기란 쉽 지 않을 것이다.

뉴스에 팔라는 얘기는 아니지만 뉴스를 통해 공식적으로 발표되면 그 소식을 마지막으로 알게 된 사람이 나라고 생각하면 된다. 다른 말로 모든 사람이 다 아는 내용이라는 소리고 주가를 움직이는 재료로서의 가치가 없어졌다는 뜻이다. 즉 시장에 이미 나온 뉴스를 기반으로 주식 투자를 하면 이미 늦은 것이다.

담당하는 회사의 분기별 실적 예측을 지금까지 각각 100번 가까이 했는데, 특별한 경우를 제외하고 애널리스트는 실적 발표 전에 실제와 가까운 예상치를 어느 정도 추정할 수 있고 관련된 정보는 이미 기관 투자자들에게 알려져 있다. 따라서 일반 투자자들이 분기 실적 발표날 실적을 기반으로 주식을 매수 매도하면 이미 늦었다.

"공매도 때문에 내 주식이 오르지 못한다."

공매도空賣渡란 말 그대로 '없는 것을 판다'는 뜻이다. 주식시장에서 꼭 오르는 주식에만 투자하지 말고 떨어질 듯한 주식에도 투자해 수익을 얻고 시장에 유동성을 공급하자는 의지다. 따라서 공매도는 주가가 떨어지리라고 예상할 때 시세차익을 노리는 방법이다.

공매도에는 크게 두 가지 유형이 있다. 하나는 말 그대로 없는 주식을 미리 파는 무차입 공매도Naked short selling이고, 다른 하나는 빌려온 주식을 매도하는 차입 공매도Covered short selling로 기관 등에서 예탁한 주식을 보관하고 있는 한국예탁결제원이나 증권사 등에서 주식을 빌려 매도하는 형태이다.

한국에서 예탁해놓은 주식이 가장 많은 기관은 국민연금이고 국민연금의 주요 수익원 중 하나는 주식을 빌려주고 그에 대해 수수료(이자 수익)를 받는 것이다. 엄밀히 말하면 좁은 의미의 공매도는 무차입 공매도일 수 있다. 하지만 우리나라에서는 이처럼 주식 없이 공매도 하는 무차입 공매도는 금지돼 있다.

개인 투자자 입장에서는 주식을 빌려줄 수도 없고 주식을 빌리기 위해서는 막대한 증거금을 내야 하기 때문에 불합리하다고 느낄 수 있다. 하지만 대부분의 국내 기관 투자자나 특히 외국 투자자들은 단순히 주식을 매도한 뒤 되갚는 방식으로만 수익을 노리는 것은 아니다. 대부분의 투자자, 특히 헤지펀드들은 공매도를 '롱쇼트Long-Short 전략'에 많이 활용한다.

주식 거래에서 롱Long은 '산다'는 의미다. 반면 쇼트short는 포지션을 줄인다는 의미에서 '판다'는 뜻을 담고 있다. 즉 '롱쇼트 전략' 혹은 '페어 트레이딩Pair trading'이란 주식을 사서 갖는 위험을 주식을 팔아서 없애는 일종의 헤지 전략이다. 예를 들어 SK하이닉스 주식을 사고 동시에 삼성전자 주식을 매도해 SK하이닉스 주가가 떨어질 때의 위험을 최소화하는 것이다. 또한 SK하이닉스 주식이 삼성전자 주식보다 아웃퍼폼Outperform할 것이라고, 즉 주가가 더 오르거나 덜 떨어질 것이라고 생각해 두 회사의 주가 움직임의 차이Spread를 통해 수익을 얻는 것이다. 페어 트레이딩은 주로 같은 섹터에 있는 주식을 대상으로 하는데 그 이유는 주가의 방향성이 같기 때문이다.

물론 단기적으로 공매도가 주가 하락을 부추길 수 있지만, 결국 공매도로 인해 주가가 더 떨어지는 것은 아니다. 오히려 공매도를 통한 선매도가 가능하기 때문에 공매도가 없는 시장에 비해 개별 종목의 주가가 적정 가격에 빨리 수렴할 수 있다. 또한 롱쇼트 전략을 통한 차익 거래 등 다양한 매매 전략을 통해 시장의 유동성을 높이고 시장의 주가가 급격하게 상승하고 고평가되는 일을 방지함으로써 시장의 효율성을 제고하고 거품을 없애주는 역할을 한다. 따라서 공매도 때문에 내가 가진 주식이 과도하게 떨어지거나 오르지 못한다는 편견은 버려야 한다.

"주식은 타이밍이다."

대부분의 투자자들이 주식은 타이밍이 가장 중요하다고 생각해 언제 사고파느냐에 초점을 맞추고 있다. 그리고 주식을 사서 오르면 얼마 벌었다, 떨어지면 얼마 손해를 봤다 얘기를 많이 한다.

하지만 주식을 매매하기 전까지는 다 미실현이익 아니면 미실현손실이다. 주식 매매를 통해 이익을 실현했을 때 비로소 주식으로 돈을 번 것이라고 할 수 있으니, 미실현이익은 이익이 아니다. 마찬가지로 손실이 나도 실현하지 않으면 손실이 아니니, 미실현손실도 손실이 아니다. 따라서 좋은 주식에 투자했다면 계속 가지고 있다 보면 이익을 실현할 때가 꼭 온다. 앞에서도 얘기했지만 주식을 언제 사느냐가 중요한 게 아니라 어떤 주식을 사느냐가 중요하다. 주식을 타이밍으로 접근하면 결국 주식만 거래하고 실현이익을 얻을 가능성은 점점 멀어진다.

"임원의 자사주 매입은 매수 시그널이다."

임원진, 특히 대표이사가 자사주를 매수할 때는 강력한 매수 신호라고 일반 투자자들은 판단한다. 임원진들이 투자해놓고 주가 못 올리면 본인들 손해이기 때문에 어떻게든 실적을 회복하기 위해 사활을 걸 수밖에 없다고 생각하는 것이다. 대답은 Yes & No이다.

물론 정보의 비대칭성이 존재하고 기업의 내부자는 회사 상황이나 실적에 대해 잘 알고 있다. 하지만 앞서 말한 대로 주식투자를 할 때는 숲을 봐야지 나무를 보면 안 된다. 기업의 실적이 주가를 좌우하는 중요한 변수 중 하나인 것은 맞지만, 주가는 다른 여러 가지 복합적인 변수에 따라 움직인다. 따라서 임원의 자사주 매입이나 보유 주식 매도를 주식 매매의 시그널이라고 보기에는 무리가 있다.

"코리아 디스카운트가 사라지고 있다."

아마 한국 주식에 투자하는 사람이면 자주 듣는 말이 '코리아 디스카운트'일 것이다. 최근 정부도 '밸류업'이라는 단어로 코리아 디스카운트를 해소하기 위한 정책 등을 발표하고 있다. 코리아 디스카운트의 사전적 의미는 '한국 주식이나 기업 가치가 다른 나라의 비슷한 기업들보다 낮게 평가되고 있다'는 뜻이다. 결국 한국 시장(코스피, 코스닥)의 시장 멀티플Multiple이 다른 나라 시장보다 저평가되어 있다는 말이다.

쉽게 설명하면 한국 회사들이 100이라는 이익을 내면 주식시장에서는 10배를 적용해 1,000에 주식이 거래되는데, 다른 나라에서는 같은 100이라는 이익에 15배를 적용해서 1,500에 거래가 된다는 뜻이다.

그 이유로 시장에서 논의되는 게 (1)지정학적 리스크: 북한과 대치하고 있는 지정학적 이슈, (2)기업 지배 구조: 한국의 대기업들이 재벌이라는 구조하에 대주주의 이익을 위해 경영을 하는 것, (3)정치적 불안정성: 정치적 스캔들과 같은 정책적인 요소이다.

사실 지정학적 리스크는 현재는 한국 주식시장의 디스카운트 요소는 아니다. 과거에는 북한이 미사일을 발사하거나 핵폭탄을 개발했다는 뉴스가 나오면 외국인 투자자들이 동요해서 주식시장에 충격이 가해졌지만, 지금은 대부분의 투자자들에게 면역력이 생겨서 그런 뉴스에는 반응하지 않는다.

코리아 디스카운트의 가장 큰 원인은 지배 구조 이슈와 낮은 주주 환원 정책에 있다.

첫 번째 문제는 한국 대기업의 지배 구조가 지주사 구조로 이루어져 있거나 아니면 순환출자 구조로 이루어져 있다는 점이다. 한국 대기업 대부분이 지주사와 자회사 그리고 손자회사 구조이거나 아니면 현대차그룹처럼 현대모비스 ➡ 현대차 ➡ 기아차 ➡ 현대모비스로 이어지는 순환출자 구조다.

삼성그룹의 경우에는 삼성물산이 지주사 역할을 하면서 삼성생명과 함께 삼성전자를 통제하고 삼성전자는 기타 삼성그룹 계열사를 통제하는 형태이다. 따라서 상장사들의 총 이익을 계산할 때 이중 삼중으로 계산이 되는 형태이다. 예를 들어 삼성전기가 100이라는 순이익을 내면 삼성전자가 가진 지분율 24%, 즉 24가 지분법이익으로 삼성전자 이익에 포함되고 24의 일부와 삼성전자의 이익이 삼성전자의 대주주인 삼성생명과 삼성물산이 가진 지분율만큼 삼성생명, 삼성물산의 이익에 각각 포함된다.

실제 삼성그룹 각각이 낸 이익의 합을 1,000이라고 가정했을 때 현재의 지분 구조에서는 보고되는 이익이 1,300 정도로 계산되기 때문에 한국 상장사의 이익은 과대 계상된 부분이 있다. 이런 구조는 삼성그룹뿐 아니라 한국 대기업에 공통적으로 나타나는 현상이다. 따라서 코스피가 전체 상장사 이익 대비 10배에 거래된다고 하면 다른 나라 주식과 비교할 때 예를 들어 30% 이상, 즉13배에 거래되는 것과 같다는 뜻이다.

두 번째 문제는 지배 구조 이슈의 연장선상에서 회사 정책의 가시성이 없다는 점이다.

여기에 해당하는 대표적인 사례로 LG화학이 이차전지 사업 부문을 물적분할해 LG에너지솔루션이라는 회사를 새로 설립하고 기업공개를 한 일을 들 수 있다. LG화학 주주 대부분이 LG화학의 이차전지 사업의 성장성을 보고 투자했는데 LG는 어느 날 이차전지 사업을 분할해 따로 상장했다.

카카오도 카카오페이, 카카오뱅크, 카카오모빌리티, 카카오게임즈 등을 분사해 기업공개를 한 사례가 있는데, 이것도 마찬가지 케이스다. 카카오 주주들은 카카오라는 플랫폼하에서 제공하는 다양한 서비스 때문에 카카오 주식에 투자한 것인데, 회사가 어느 날 주요 사업부를 다 분사해버린 탓에 껍데기만 남은 회사인 카카오의 주주로만 남게 된 것이다.

이런 행위는 주주의 이익에 반하는 것이다. 이런 일이 벌어지면 주주의 이익이 훼손될 뿐만 아니라 성장성 있는 사업이 분사된 탓에 기존 주주가 가진 회사의 밸류에이션도 떨어지고 주가도 급락하는 현상이 일어난다.

세 번째 문제는 정부 정책이다. 정부가 갑자기 유예 기간 없이 공매도 금지를 발표하거나 외국인 투자 비율이 높은 산업 중 하나인 은행에 대해 '은행은 공공재'라고 언급하는 일 등은 투자자 입장에서 한국 기업에 대한 투자를 꺼리게 하는 요소이다. 앞서 언급했지만 기관 투자자 입장에서 특정 회사에 주식투자를 할 때 가장 꺼려하는 부분이 불확실성인데 정부 정책의 불확실성도 한국 시장의 낮은 밸류에이션의 원인 중 하나이다.

마지막 문제는 한국의 주주환원율이 대만을 비롯한 다른 선진국 시장 대비 가장 낮은 수준이라는 것이다.

주주환원율(Shareholder return)

주주환원율은 기업이 벌어들인 이익 중 얼마나 많은 부분을 주주에게 돌려주었는지를 나타내는 지표이다. 현금 배당과 자사주 매입의 두 가지 방식으로 주주에게 이익을 환원하게 되는데, 이를 통해 기업의 이익 배분 정책과 주주 친화적인 경영 의지를 파악할 수 있다. 주주환원율 계산은 다음과 같다.

주주환원율 = (현금배당액 + 자사주매입액) ÷ 당기순이익 × 100

과거와 달리 한국 회사들이 성장을 위한 투자를 할 곳도 많지 않다. 하지만 대기업의 대주주 지분율이 대부분 낮은 상태이고 배당에 따른 세

율도 높다. 따라서 대주주 입장에서 배당을 할 만한 유인이 부족하다. 자사주 매입을 통한 주주환원 정책도 마찬가지다. 많은 회사들이 자사주 매입 후 소각을 하지 않기 때문에 자사주 매입으로 인한 효과가 떨어진다. 따라서 배당을 하면 인센티브를 주거나 자사주를 매입해 소각하면 세금 혜택을 주는 조치를 취해 기업의 주주환원율을 높일 수 있는 정책을 펼쳐야 한다.

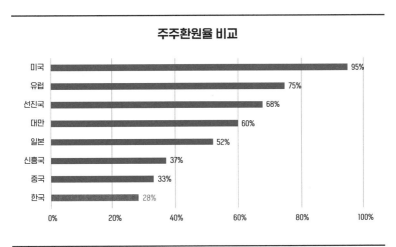

주주환원율 비교

밸류에이션: 정답은 없다

모든 국내나 해외 기관 투자자들은 개별 주식에 투자할 때 밸류에이션을 한다. 밸류에이션에는 여러 가지 방법이 있지만 일반적으로 많이 쓰는 방법이 주가순자산비율과 주가수익비율이 있다.

주가순자산비율(PBR, Price Book value Ratio)

주가가 순자산(자본금과 자본잉여금, 이익잉여금의 합계)에 비해 1주당 몇 배로 거래되고 있는지를 측정하는 지표이다. PBR은 장부상의 가치로 회사 청산시 주주가 배당받을 수 있는 자산의 가치를 의미하기 때문에, 재무 내용 면에서 주가를 판단하는 척도가 된다.

주가수익비율(PER, Price per Earnings ratio)

주가수익비율은 주가가 그 회사 1주당 수익의 몇 배가 되는가를 나타내는 지표로, 주가를 1주당 순이익(EPS, 당기순이익을 주식수로 나눈 값)으로 나눈 것이다. 즉, 어떤 기업의 주식 가격이 10,000원이고 1주당 수익이 1,000원이라면, PER은 10이 된다.

PER이 높은 회사들은 성장성이 높거나 이익의 가시성이 높은 회사들이다. 현재 기준으로 1,000원의 수익을 내지만 수익이 2배가 될 수 있으면 같은 PER 배수를 적용하면 주가는 20,000이 되기 때문이다. 따라서 현재에는 PER이 20처럼 보이지만 이익이 2배가 되는 시점에서 PER은 10으로 떨어지게 된다.

여기서 이익을 과거 이익을 기준으로 하느냐 미래 추정 이익을 기준으로 하느냐에 따라 나뉘는데, 보통 12개월 선행 P/E 12M forward P/E 혹은 12개월 후행 P/E 12M trailing P/E로 나뉜다. 즉 후행 P/E는 지난 12개월 동안의 순이익을, 선행 P/E는 향후 12개월 동안의 예상 이익을 기준으로 하는데 밸류에이션을 할 때는 현재 주가가 미래의 이익을 반영한다고 가정하기 때문에 12개월 선행 P/E를 쓰는 것이 일반적이다.

또한 이익의 가시성과 배당 성향이 높은 회사들도 높은 PER로 거래된다. 예를 들어 매년 1,000원의 수익을 꾸준히 내고 배당수익률이 은행 이자율보다 높다면 투자자 입장에서는 꾸준한 수익을 보장받을 수 있고 밸류에이션에 적용되는 배수가 낮아질 위험성도 적다.

마지막으로 이익률 특히 영업이익률이 높은 회사일수록 PER이 높게 거래된다. 영업이익률이 높은 회사는 매출 증가에 따라 이익 증가가 크기 때문에 높은 PER을 받게 된다.

참고로 반도체 회사의 PER 배수는 호황일 때는 낮은 PER 배수로 거래되고 불황일 때는 높은 PER 배수로 거래된다. 반도체 산업은 사이클이 있고 이익의 변동성이 너무 크기 때문에 호황 때 벌어들인 수익이 계속될 수 없다고 시장에서 판단해 이익에 대해 할인을 적용한다. 즉 호황일 때 반도체 회사들의 PER이 5배(5.0x)라고 하면 시장에서는 불황일 때는 이익이 반으로 줄어들 것이라고 예상하기 때문에 결국 PER 10배 (10.0x)에 거래되는 것이다.

반대로 불황에서는 PER이 20배에 거래되는 것처럼 보이지만 사이클이 바뀌면 이익이 2배로 증가돼서 향후에 PER이 10배에 거래되게 된다. 반도체 회사 주식에 투자할 때 많이들 하는 말이 "고퍼高PER에 사서 저퍼低PER에 팔아야 한다"는 것이다. 다른 말로 밸류에이션이 비싸 보일 때 사고 밸류에이션이 싸 보일 때 팔라는 뜻이다. 기존의 투자 방식과는 반대로 투자하는 것이다.

주가순자산비율은 기업의 순자산 대비 현재 주가가 몇 배에 거래되는지를 보는 것이다. 순자산은 다른 말로 장부가치 혹은 자기자본을 일컫는 말이다. 주로 장치 산업이나 이익의 변동성이 큰 회사들의 가치평가에 주로 쓰이는데, 한국 시장의 주가순자산비율은 평균 0.9배로 미국(4.6배), 대만(2.1배), 일본(2.0배), 중국(1.2배)보다 낮다. 가장 큰 이유는 한국의 주요 산업 자체가 제조업이고 제조업체들의 장부가는 높은 편이다.

또한 장기적으로 배당이나 자사주 매입 등으로 장부가치를 낮췄어야 하는데 이익의 대부분이 이익잉여금으로 남아 있는 상태라 장부가치가 높아진 상태이다. 그로 인해 자기자본이익률, 즉 자기자본에 대한 수익률이 낮은 상태이다.

자기자본이익률(ROE, Return on Equity)

기업이 자기자본(Equity)을 활용해 1년간 얼마를 벌어들였는가를 나타내는 대표적인 수익성 지표로 경영 효율성을 표시해준다. 따라서 자기자본이익률이 높다는 것은 자기자본에 비해 그만큼 당기순이익을 많이 내 효율적인 영업활동을 했다는 뜻이다.

ROE = 당기순이익 ÷ 평균자기자본

근본적인 산업 구조를 바꿀 수는 없지만 지속적으로 배당이나 자사주 소각 등을 통해 순자산을 줄이면 자기자본이익률을 높이게 되고 결과적으로 주가순자산비율도 높아질 수 있다. 참고로 주가순자산비율은 자기자본이익률이 높을수록 자연스럽게 높아진다.

대부분의 외국 투자자가 영업이익률이 높고 자기자본이익률이 높은 기업을 선호하는 이유는 영업이익률이 높은 회사들은 영업레버리지 Operating leverage(고정비용과 변동비용의 비율을 통해 기업의 영업이익이 매출 변동에 얼마나 민감하게 반응하는지 나타내는 재무 지표)가 크기 때문이다. 영업이익률이 50%인 회사와 영업이익률이 5% 회사를 비교하면, 매출이 100만큼 증가하면 영업이익률이 50%인 회사는 이익이 50 증가하지만 영업이익률이 5%인 회사는 5밖에 증가하지 않기 때문이다.

자기자본이익률은 투자의 효율성을 나타내는 지표이기 때문에, 자기자본이익률이 높은 기업은 자기자본을 잘 이용해 수익을 잘 냈다는 것을 의미한다. 참고로 워런 버핏이 회사를 볼 때 가장 중요하게 보는 지표 중 하나가 자기자본이익률, ROE이다.

결국 주가순자산비율과 자기자본이익률은 정비례 관계이고 자기자본이익률과 주가수익비율은 반비례 관계이다. 다시 말하면 자기자본이익률이 높을수록 주가순자산비율은 높아지고, 자기자본이익률이 높아지면 주가수익비율이 낮아지는 효과가 있다. 따라서 투자에 대한 효율성이 높아질수록 주가수익비율이 낮아지게 됨에 따라 주가가 저평가되는 효과가 있다.

주가순자산비율, 자기자본이익률, 주가수익비율 상관관계

$$\underbrace{\frac{\text{시가총액}}{\text{순자산}}}_{\text{주가순자산비율(PBR)}} = \underbrace{\frac{\text{순이익}}{\text{순자산}}}_{\text{자기자본이익률(ROE)}} \times \underbrace{\frac{\text{시가총액}}{\text{순이익}}}_{\text{주가수익비율(PER)}}$$

외국계 증권사에 대한
오해

언론을 통해 심심치 않게 외국계 증권사의 횡포나 외국계 증권사를 둘러싼 음모론을 언급한 기사를 접하게 된다. 국내나 외국계 증권사 모두 직접 주식을 사고팔지는 않는다. 증권사는 그저 중개 업무만 할 뿐이다. 따라서 투자자들에게 A주식을 사고 B주식을 팔라고 추천하고 투자자가 그 추천을 받아들이면 증권사 창구를 통해 주문하고 증권사는 그 주문을 체결하는 것이다.

일반 투자자들은 거래원 매수 상위나 매도 상위에 특정 증권사 이름이 보이면 그 증권사가 재량권을 갖고 특정 주식을 사고파는 것으로 오해하는데, 증권사는 중개 업무만 할 뿐이고 실제 투자 결정은 투자자가 하는 것이다. 다만 투자자 의사 결정에 영향을 미치는 요소 중 하나가 앞에서 얘기한 증권사 애널리스트, 세일즈, 트레이더 등의 추천이다.

주식투자를 하는 지인들이 내게 자주 하는 질문이 있다. 바로 자기가 보유한 주식의 매수 혹은 매도 상위에 JP모건이 있는데 왜 JP모건이 주식을 사고파느냐는 것이다. 사실 증권사의 의지로 사고파는 것이 아니라 JP모건 고객이 JP모건 창구를 통해 거래를 하는 것인데 말이다. 물론 JP

모건 창구를 통해 기관 투자자, 그중 특히 어떤 외국인 투자자가 거래하는지 알 수는 있지만 이런 정보를 외부에 제공하는 것은 고객 정보 유출로 금기 사항이다.

결국은 개인 투자자가 증권사를 통해 매매하는 것과 비슷한 개념이다. 개인 투자자도 특정 주식을 사고팔 때 증권사 영업사원이나 뉴스, 지인의 추천 종목 등 다양한 채널을 통해 얻은 지식을 바탕으로 주식 거래를 하듯이, 기관 투자자도 체계적이지만 큰 그림에서 같은 방법으로 주식 거래를 한다.

주식 거래의 주체는 크게 국내 기관, 외국인, 개인으로 나뉘는데, 많은 사람들이 외국인 투자자들은 같은 방향으로 움직이고 같은 주식을 산다고 오해한다. 외국인 투자자도 개인과 동일하게 서로 다른 방향으로 투자를 하고 같은 뉴스에도 누구는 팔고 누구는 사기 때문에 주식 거래가 일어나는 것이다.

다만 개인 투자자와 기관 투자자, 특히 외국인 투자자의 가장 큰 차이는 주식을 볼 때 좀 더 큰 그림에서 접근한다는 점과 주식을 사고파는 이유가 정말 다양하다는 점이다. 특히 한국 주식만 아니라 여러 나라 주식을 사고팔기 때문에, 예를 들어 SK하이닉스 주식을 팔았다고 해서 반도체 시장을 안 좋게 본다고 할 수는 없다. SK하이닉스 주식이 동종업계 주식보다 비싸다고 생각해 SK하이닉스 주식을 팔고 대만 반도체 회사 주식을 살 수도 있고 아니면 반도체 장비나 소재 회사 주식을 살 수도 있는 것이다.

따라서 투자할 때는 주식을 사서 얼마의 수익을 얻을지보다 잘못될 경우 위험 요소Risk가 얼마나 될지를 더 중요하게 고려해야 한다. 따라서 기관 투자자 입장에서 계속 오를 것 같은 주식보다 동종 업종에서 덜 떨어질 것 같은 주식을 사는 이유도 위험 요소가 적은 주식을 따라가는 논리에서 비롯된 것이다.

돈을 버는 투자가 아니라 잃지 않는 투자를 하는 것이 투자의 기본이고, 그것이 바로 주식투자로 돈을 버는 길이다. 좋은 주식을 사서 계속 보유하고 있으면 결국 시장 대비 초과수익률을 얻는 것이 진리인 듯하다.

개별 투자를 한다면 알아야 할
대표 반도체 기업의 핵심 기술과 가치

최근 주식시장에서 가장 큰 화두가 되는 테마가 인공지능인 관계로 AI 관련주가 연일 급등하고 있다. AI와 연관이 있으면 개인 투자자들은 묻지마 투자를 하고 있다. 사실 이런 테마주는 AI 말고도 주식시장에 항상 존재했다.

테마 자체가 잘못된 것은 아니다. 그 시대에 새로운 트렌드를 이끌고 관련된 회사들은 이 트렌드에 맞추어 성장할 기회가 주어지기 때문이다. 하지만 가장 중요한 사실은 테마주와 관련하여 옥석을 가리기가 쉽지 않고 일반 투자자가 투자할 수 있는 주식도 제한적일 수밖에 없다는 점이다.

한국 시장에서 AI 반도체 얘기를 하면 대부분 삼성전자, SK하이닉스, 관련된 국내 장비나 소재 회사들이 거론된다. 물론 AI 반도체로 국내 투자자에게 익숙한 엔비디아도 단골 메뉴이다. 하지만 대부분의 개인 투자자가 왜 AI 반도체주 가운데 엔비디아가 좋다고 하는지, SK하이닉스나 마이크론은 왜 그만큼 주가가 오르지 못하는지 잘 모르는 듯하다. 그래서 무조건 주가가 오르지 않은 메모리 주식(예: 삼성전자)을 사는 경향도

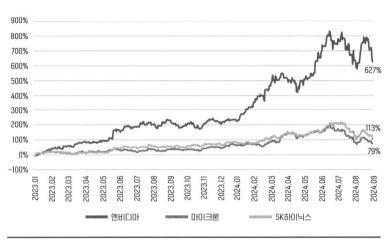

엔비디아, SK하이닉스, 마이크론 주가 흐름
(2023년 1월 1일 ~ 2024년 9월 5일)

627%

113%

79%

엔비디아 ▬▬ 마이크론 ▬▬ SK하이닉스

있다.

AI 서버 구축에 들어가는 총 비용은 일반 서버 구축 비용보다 17배에서 36배까지 높다. 그런데 이런 추가 비용의 대부분은 AI 서버에 엔비디아가 생산하는 GPU를 장착하는 데서 발생한 것이다. 그리고 SK하이닉스, 마이크론이 생산하는 HBM은 AI 서버에만 사용되기 때문에 이런 메모리 회사들에게도 추가적인 매출이 발생한다. 서버당 약 8,600달러, 한화로 약 1,200만 원 정도의 추가적인 매출이 창출된다.

다만 AI 서버 내에서 메모리 회사가 차지하는 비중은 5% 내외로 GPU가 차지하는 비중 80%에 비하면 미미한 수준이다. 참고로 고성능 AI 서버에 GPU는 보통 8개가 필요한데 H100은 칩 1개당 가격이 25,000달러 정도 하기 때문에 8개를 사용할 경우 최소 20만 달러 이상이 소요된다. 따라서 AI 서버 성장과 더불어 가장 큰 혜택을 받는 것은 GPU를 만드는 회사이고 추가적인 금액의 대부분을 GPU회사가 가지고 가는 구조이다.

AI 서버 vs. 일반 서버 비용 비교

(단위: US$)

	일반 서버		AI 서버(A100x8)		AI 서버(H100x8)	
CPU	2,170	31%	13,500	11%	21,400	9%
GPU	–	0%	80,000	67%	200,000	81%
CPU DIMM(디램)	1,700	25%	5,800	5%	5,800	2%
HBM(디램)	–	0%	8,600	7%	8,600	3%
SSD(낸드)	400	6%	3,000	3%	3,000	1%
네트워크카드(NIC)	150	2%	1,000	1%	1,000	0%
마더보드, 파워케이플, PCB 등	2,475	36%	7,680	6%	8,100	3%
총 비용	6,895	100%	119,580	100%	247,900	100%
일반 서버 대비 AI 서버 비용 차이			17.3배		36.0배	

[출처: 회사 자료, JP모건]

AI 서버 시장

2024년 기준으로 고성능 서버인 AI 서버 시장 규모는 1,870억 달러로 성장하고, 전체 서버 시장의 약 65%를 차지하리라고 예측된다. 그중 GPU 기반인 AI 서버에서 엔비디아의 시장점유율은 90%에 이르고 AMD의 시장점유율은 8% 정도이다. 참고로 AI 서버 내에 GPU 외에 주문형 반도체인 FPGA 칩을 사용하는 AI 서버까지 포함시키면 엔비디아의 시장점유율은 60% 중반이다. 결국 GPU 기반인 고성능 AI 서버에서 엔비디아가 거의 독점적인 지위를 차지하는 것이다.

주문형 반도체(ASIC, Application Specific Integrated Circuit)

일반 집적회로와 달리 특정한 전자, 정보통신 제품에 사용할 목적으로 설계된 비메모리 반도체 칩을 말한다. 범용성이 높은 표준 반도체 칩과는 달리 고객이나 사용자가 요구하는 특정한 기능을 갖도록 설계, 제작된다.

논리회로형 반도체(FPGA, Field Programmable Gate Array)

프로그램이 가능한 비메모리 반도체의 일종이다. 회로 변경이 불가능한 일반 반도체와 달리 용도에 맞게 회로를 다시 새겨 넣을 수 있다. 즉, 중앙처리장치나 그래픽처리장치와 같은 용도가 정해진 주문형 반도체와 달리, 칩 내부 회로를 용도에 따라 바꿀 수 있다.

특히 인공지능, 빅데이터, 클라우드, 자율주행, 고성능컴퓨팅 등 고도의 연산이 필요한 분야에서 강점이 있다.

엔비디아 CEO 젠슨 황Jensen Huang은 공식적으로 엔비디아는 단순 칩메이커가 아닌 소프트웨어 플랫폼 회사가 될 계획이라고 선언한 바 있다. 마이크로소프트나 애플처럼 소프트웨어 플랫폼 기업으로 변신하겠다는 말이다. 차세대 AI GPU인 블랙웰Blackwell은 사실상 반도체 칩이 아니라 플랫폼의 이름이라고 정의했다.

AI 서버 시장점유율

	2022	2023	2024E
엔비디아	68%	66%	64%
AMD(자이링스 포함)	6%	7%	8%
인텔(알텔라 포함)	3%	3%	3%
기타	24%	24%	25%
총계	100%	100%	100%

[출처: Trendforce]

현재 엔비디아의 H100이 주요 제품이고 80GB HBM3가 사용되고 있다. 하지만 2025년도에 블랙웰(GB200)이 출시되면 HBM 용량도 최고 288GB까지 증가돼서 기기당 메모리 탑재량이 3배 이상 증가될 것으로 예상된다. 따라서 HBM 수요 예측에서 가장 중요한 변수 중 하나인 기기당 메모리 용량을 수치화해 엔비디아의 블랙웰 판매량과 대비해 AI 서버로 인한 전체 디램 수요를 예측할 수가 있다.

엔비디아 GPU와 HBM 수요 요약

GPU 모델	사용 영역	스펙	메모리 용량(GB)	반도체 선폭(미세공정)
B100	AI training	HBM3E	192	3nm
B200	AI training	HBM3E	192/288	3nm
H200	AI training	HBM3E	144	3nm
H20	AI training	HBM3E	96	5nm

H100/H800	AI training	HBM3E	80	4nm
A100/A800	AI training	HBM2E	80	7nm
A30	AI inference	HBM2E	24	7nm
L40	AI inference	GDDR6	48	5nm
T4	AI inference	GDDR6	48	12nm

[출처: 회사 자료]

AI 테마에서 가장 확실한 수혜주는 엔비디아지만, 이 주식을 둘러싼 가장 큰 이슈는 최근 주가 상승으로 인해 밸류에이션 부담이 있다는 것이다. 앞서 얘기했듯이 타이밍에 맞춰 사는 것이 아니라 좋은 주식을 사서 장기 보유를 하는 것이 결국에는 돈을 버는 방법이다. 따라서 AI 트렌드에 편승하고자 한다면 엔비디아보다는 필라델피아 반도체 지수를 사서 하나의 주식에만 몰아서 투자할 때 빚어질 수 있는 위험을 피하는 것도 괜찮은 투자 방법이다. 참고로 엔비디아는 필라델피아 반도체 지수의 12%를 차지하고 있다.

AI와 관련성 있는 반도체 회사주 가운데 개인적으로 제일 좋아하는 주식은 대만의 TSMC이다. 앞서 설명한 반도체 비즈니스 모델에서 파운드리 모델이고, 파운드리에서 시장점유율은 60% 이상, 첨단공정 Advanced technology에서 점유율은 80% 가까이 된다.

엔비디아의 모든 칩을 TSMC가 생산하고 있고 인텔의 CPU도 TSMC가 생산하는 비중이 점점 높아질 것이다. GPU 쪽 고객사로는 엔비디아 외에 AMD도 있는데 AMD의 모든 GPU와 CPU 칩도 TSMC가 생산한다.

최대 고객사는 애플, AMD, 브로드컴, 엔비디아, 퀄컴, 미디어텍 등으로 모든 팹리스 회사가 TSMC의 고객이라고 말할 수 있을 정도다.

쉽게 얘기하면 청바지를 만드는 회사를 사는 것보다 청바지 천을 독점으로 공급하는 회사를 사는 것이 중장기적으로 더 좋은 투자라는 뜻이다. 잘나가는 브랜드의 청바지라고 해도 경쟁자가 등장하거나 소비자의 트렌드가 바뀌면 다른 브랜드의 청바지보다 안 팔릴 수 있지만, 다른 청바지가 잘 팔려도 결국 청바지 천에 대한 수요는 변하지 않는다는 논리이다.

TSMC는 1994년 대만 주식시장에 상장된 이후 18%라는 평균 매출 성장률을 기록했고 17%가 넘는 평균 이익 성장률을 달성했다. 매출 총이익률은 53%이고 영업이익률은 40% 이상으로 제조업에서 보기 힘든 수익률이다. 자기자본이익률도 25%로 삼성전자 대비 훨씬 높은 수준이다. 주주 환원 측면에서도 2004년 이후 20년 동안 꾸준히 배당을 했고 한 번도 주당 배당금을 줄인 적이 없는 회사이다.

응용처별 매출도 이미 고성능컴퓨팅이 전체 매출의 50%가 넘었고 자동차까지 포함하면 기업향 수요가 전체 매출의 60% 가까이 된다. 앞서 설명했듯이 반도체 수요가 과거의 소비재에서 기업향으로 바뀐 데 가장 잘 적응한 반도체 회사라고 할 수 있다.

참고로 TSMC는 미국 외 기업이 미국 주식시장에서 거래될 수 있도록 한 상품인 주식예탁증권이 발행되어 있어서 개인 투자자들도 대만 주식시장에 계좌를 만들 필요 없이 나름대로 쉽게 거래할 수 있다.

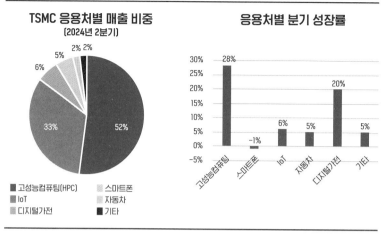

TSMC 응용처별 매출 비중
(2024년 2분기)

응용처별 분기 성장률

■ 고성능컴퓨팅(HPC) ▨ 스마트폰
■ IoT ▨ 자동차
▨ 디지털가전 ■ 기타

(참고: 회사 자료)

삼성전자: Too big to grow

삼성전자의 현재 상황을 가장 잘 표현하는 말이 "너무 커서 더 크기 힘들다Too big to grow"이다. 다른 반도체 회사와 달리 삼성전자는 반도체 외에 휴대폰, 디스플레이, 가전 등과 같은 완제품도 생산한다. 반도체 내에도 메모리 외에 파운드리와 시스템 LSI 사업부도 있다. 즉 반도체 산업 내 3개의 비즈니스 모델인 종합 반도체 회사, 팹리스, 파운드리를 모두 하는 셈이다.

디램은 계속 캐시카우(확실한 자금원) 역할을 하고 있고 지난 20년 동안 낸드, 무선(모바일), 디스플레이 등이 추가적인 성장을 이끌었다. 하지만 스마트폰 성장이 둔화되고 스마트폰 내에서 스펙 업그레이드가 더디면서 향후 성장성을 보장할 만한 제품이나 수요가 없는 상황이다.

과거에는 수직 계열화(기업이 자회사를 통해 수직적으로 연결된 구조를 형성하는 전략)의 장점으로 인해 다른 경쟁사 대비 제품 개발이 빨랐고 신제품 생산도 앞섰다. 주요 부품을 생산하는 반도체와 디스플레이OLED 사업부도 내부 고객을 확보함으로써 안정적인 매출을 보장받았었다. 하지만 과거와 달리 혁신적인 제품 개발이 이루어지지 않고 기술의 고도화도 더딘 상황에서 수직 계열화 비즈니스 모델이 현재는 장점으로 작용하지 못하는 측면이 있다.

앞서 설명한 무선(스마트폰), TV, 가전, 등의 매출 성장도 둔화됨에 따라 내부 고객 비중은 줄고 그만큼 외부 고객 비중이 늘고 있는 상태이다. 이로 인해 반도체 사업부와 삼성디스플레이SDC는 생산한 제품을 삼성전자의 경쟁사에게 팔아야 하는 상황이 연출되었다. 향후 이런 상황은 가속화될 것으로 예측된다.

그동안 대규모 투자가 이루어진 파운드리 사업부도 TSMC가 경영 철학으로 내세우는 "고객과 경쟁하지 않는다"와 다르게 삼성 반도체 사업부는 설계와 생산 능력을 가지고 있다는 점에서 출발점이 불리하다. 따라서 파운드리 고객들이 삼성전자와 비즈니스를 하는 것을 꺼리는 것도 현실이다. 그 결과 20% 가까이 갔었던 삼성전자 파운드리 세계 시장점유율도 최근에 11%까지 떨어졌다.

따라서 삼성전자는 기존의 수직 계열화 비즈니스 모델에서 탈피해 과거에 디스플레이 사업을 삼성디스플레이로 분사했듯이 기존의 사업군을 분사해 독립채산제를 유지할 필요가 있다. 현재는 메모리 사업부가 파운드리 사업에 필요한 투자를 돕고 있는 상황이지만, 결국은 이 자체

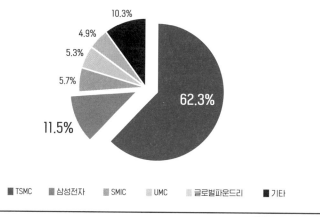

2024년 2분기 전 세계 파운드리 시장점유율

10.3%
4.9%
5.3%
5.7%
62.3%
11.5%

■ TSMC　■ 삼성전자　■ SMIC　■ UMC　■ 글로벌파운드리　■ 기타

[출처: DRAMExchange]

가 파운드리 사업의 경쟁력을 떨어뜨릴 뿐만 아니라 기존의 메모리 사업부의 경쟁력에도 도움이 되고 있지 않다.

결국 회사라는 조직은 제한된 자원을 효율적으로 분배해야 하는데 반도체 사업부 내에도 너무 많은 다른 사업군이 존재하다 보니 자원 배분의 효율성이 떨어지는 측면이 있다.

한때 삼성전자는 TSMC 대비 시장가치가 60% 높았으나 2020년 초부터 비슷한 수준이었고 현재는 TSMC 대비 40% 수준에 불과하다.

투자 효율성 측면에서도 현재 자기자본이 부채의 거의 4배에 가까운 상황이라 투자 효율성을 나타내는 지표인 사기사본이익률 측면에서도 현재의 재무구조에서 자기자본이익률을 급격하게 높일 수 있는 여지가 높지는 않다. 현재의 자기자본이익률 구조에서 이익이 증가한다고 해도

삼성전자 vs. TSMC 시장가치

[단위: 10억 US$]

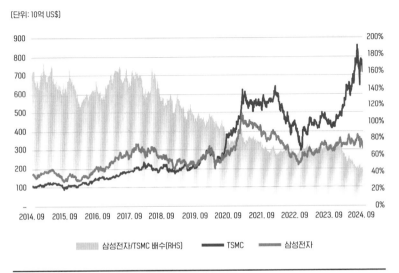

삼성전자/TSMC 배수(RHS) ━━ TSMC ━━ 삼성전자

[출처: 인베스팅닷컴]

밸류에이션을 높게 받기는 힘든 상황이다.

회사 경영진이 대규모 인수합병에 대해 공식적으로 여러 번 언급했으나 2017년 80억 달러에 하만을 인수한 후 현재까지 빅딜은 없는 상태이다. 현재 100조가 넘는 현금을 보유하고 있고 필요하면 언제든지 차입을 통해 대규모 인수합병을 수행할 수 있지만 여러 이유로 인수합병에 소극적인 상황이다.

삼성전자의 현재 산업군을 보면 소비재 제품에만 치중되어 있고, 전동화electrification가 가속화되는 자동차 쪽에서는 하만을 제외하고는 시장점유율이 미미한 상황이다. 삼성전자는 AI, 로봇, 6G 등 여러 분야에서 인수합병 기회를 엿보고 있다. 특히 자동차용 반도체 시장은 회사의 미래 먹거리이기에 삼성전자가 꼭 진입해야 하는 영역이다. 하지만 보수적인 자동차 회사의 문화와 높은 품질 요구로 인해 진입장벽은 소비재보다 훨씬 더 높은 상황이다. 따라서 유기적 성장이 쉽지 않은 상태라 적극적인 인수합병이 필요하다고 사료된다.

과거에 주요 자동차 부품회사 중 하나인 콘티넨탈 AGContinental AG의 임원을 만난 적이 있는데, 그가 한 다음과 같은 말이 기억에 남아 있다. "iPhone can't kill people but the car can(아이폰은 사람을 죽일 수 없지만 차는 다르다)." 그러니까 스마트폰에 문제가 생겨도 사용자에게 치명적인 영향을 주지는 않지만 자동차는 치명적이라는 뜻이다. 즉 자동차 생산을 위한 공급망 운영과 품질 관리는 스마트폰과는 차원이 다르기 때문에, 자동차 회사의 부품 공급업체가 되기 위해서는 많은 시간과 노력을 들여야 한다는 말이다. 또한 자동차 모델 사이클이 7년에서 9년인 점을 고려하면 과거에 부품을 공급했던 이력이 없는 상황에서 새로운 공급업체로 선정되기란 현실적으로 매우 힘든 일이다.

따라서 인수합병을 통해 새로운 사업에 진출하지 않으면 현재 300조의 매출 규모에서 향후 더 이상 성장을 지속해나가기 힘든 상황이다. 지난 몇 년 동안의 매출도 정체되어 있었으며 합병을 통해 신사업을 하기 전에는 이러한 상황이 계속되리라고 예측된다.

시장에 삼성전자의 주주 환원 정책에 대한 불만의 목소리가 있지만 현재 상태에서는 최선의 정책이라고 생각한다. 반도체 산업 특성상 사이클이 있고 대규모 투자가 필요한 상황에서 어느 정도의 잉여현금은 필요하다. 삼성전자는 100조가 넘는 현금을 보유하고 있는데 90%에 가까운 금액이 해외 법인에 있다. 하지만 대규모 시설 투자와 더불어 배당이나 자사주 매입 등의 주주 환원 정책에 들어가는 돈은 대부분 본사에서 집행해야 하기 때문에 실제로 사용할 수 있는 돈은 전체 현금 보유액의 10% 남짓이다.

따라서 현재 삼성전자는 잉여현금흐름Free Cash Flow(기업이 사업으로 벌어들인 돈 중 세금과 영업비용, 설비 투자액 등을 제외하고 남은 현금)의 50%를 주주에게 환원하는 정책을 취하고 있기 때문에, 급격한 영업 활동의 개선으로 순현금 흐름이 증가하지 않는 한 현재의 주주 환원 정책에 구조적인 변화를 기대하기는 힘든 상황이다.

삼성전자의 지배 구조 개편에 대한 얘기가 시장에서 많이 나오고 있는데 현재의 지분 구조를 바꾸기란 쉽지 않다. 과거보다 삼성전자의 가치가 너무 높아졌기 때문에 실질적 지주사인 삼성물산이 삼성전자 주식을 사서 지분율을 높이는 것은 삼성물산의 재무구조를 고려할 때 현실성이 없는 얘기다. 또한 현재와 같이 상속세 부담이 있는 상황에서 이재용 회장이 시장에서 삼성전자 주식을 매입해 지분율을 높이는 것도 현실적으로 불가능해 보인다.

따라서 현재와 같은 지분 구조가 앞으로도 계속 이어지리라고 본다. 이재용 회장도 공식적으로 자녀에게 회사를 물려주지 않겠다는 '4세 경영 포기 선언'을 한 상태라 차후 경영 승계를 위한 지분 구조의 변화도 필요하지 않은 상황이다.

따라서 삼성전자의 지배 구조 변화로 인한 주가 움직임은 개인적으로 실효성이 없을 것으로 판단한다. 삼성전자의 사업 구조상 반도체 사이클이 호황일 때는 경쟁사나 시장 대비 초과 수익률을 얻기는 힘들 것 같다. 다만 반도체 시장이 불황일 때는 다양한 사업군으로 인해 이익의 하방 압력에 어느 정도 버틸 수 있기 때문에 경쟁사 대비 상대적 수익률이 좋을 것으로 판단한다.

반도체주 투자자라면 주목해야 할
강소기업

반도체주 투자에서 가장 핵심은 공급망 분석이다. 메모리 반도체를 예로 들면 삼성전자와 SK하이닉스에 소재와 장비를 공급하는 주요 공급사들의 매출 비중을 파악해, 삼성전자와 SK하이닉스의 투자 변화에 따른 각 공급사의 매출 변화를 수치화해야 한다. 또한 삼성전자와 SK하이닉스 매출을 고객별로 파악해야 한다. 앞서 설명했듯이 삼성전자와 SK하이닉스 주가는 주요 고객(엔비디아, 애플, 주요 서버 업체)의 매출 트렌드에 따라 움직이고 주요 고객의 주가 변화에도 민감하게 반응하리라고 보인다.

SK하이닉스와 삼성전자 메모리 사업부만 봤을 때 현재 엔비디아가 SK하이닉스의 가장 큰 고객이고, 삼성전자의 경우 내부 고객인 무선사업부와 데이터센터 고객이 현재 가장 큰 고객군을 형성하고 있다.

국내 장비나 소재 업체 가운데 삼성전자와 SK하이닉스 두 회사 모두에 공급을 하는 회사는 여러 가지 이슈로 인해 원익IPS, 유진테크 정도밖에 없고, 대부분은 삼성전자나 SK하이닉스 둘 중 하나가 주 매출처이다. 장비 업체 가운데 한미반도체, 주성엔지니어링, 유니테스트 등이 주로 SK하이닉스에 공급하는 업체이고 시메스, 피에스케이, 테스 등이 주로 삼성전자에 공급하는 업체이다.

이들 업체의 주가 방향성은 비슷하지만 각 회사의 투자 상황에 따라 주가의 차별화가 어느 정도 이루어지고 있다. 반도체 칩을 생산하는 칩 메이커와 달리 국내 반도체 장비와 소재 회사들은 규모나 제품 구성 자체가 특정 공정에 특화되어 있기 때문에 해외 장비 업체에 비해 경쟁력이 많이 떨어지는 면이 있다.

참고로 한국 반도체 장비 회사 중 세계 20위 안에 드는 회사는 존재하지 않는다. 한국 업체들은 해외 장비 업체와 달리 턴키 방식Turnkey(구매자가 바로 사용할 수 있도록 모든 여건을 갖춰 생산자가 설비를 인도하는 방식)으로 장비를 공급하지 않고 개별 제품만을 공급하기 때문에, 반도체 회사에서는 토탈 솔루션을 제공하는 해외 업체로부터 대부분의 장비를 공급받고 특정 제품만 국내 반도체 업체에서 공급받는다.

따라서 반도체 장비 쪽은 국내보다 해외 업체에 투자하는 것을 추천한다. 특히 국내 반도체 장비 업체의 주가는 당연히 삼성전자와 SK하이닉스의 실적과 주가에 연동되는데, 변동성은 고객사인 두 회사보다 훨씬 더 크고 사이클도 짧기 때문에 투자자 입장에서 장기 투자에 적합한 업종은 아니라고 생각한다.

국내 업체 중 한국 반도체 회사에 대한 의존도가 낮고 글로벌 경쟁력이 있는 회사로는 리노공업이 있다. 다른 국내 반도체 장비 회사와 달리 메모리 반도체가 차지하는 비중은 거의 없고 비메모리 쪽에 특화되어 있는 회사인데 퀄컴, 애플, TSMC를 주요 고객으로 두고 있다. 이 회사는 IC 제품, 테스트 및 분석을 위한 테스트 소켓과 핀Pin을 만드는데, 특히 고성능 AP 테스트 소켓 분야에서는 세계 1위를 차지하고 있다.

메모리 반도체 회사가 전 세계 반도체 투자의 4분의 1 정도를 차지하기 때문에 대부분의 글로벌 반도체 장비 회사의 매출 비중에서도 한국은 20% 중반에서 후반 정도를 차지하고 있다.

극자외선 공정 장비는 미세화 공정에 있어서 메모리와 파운드리 사업에 필수적인 장비인데, 그 장비를 독점 생산하는 네덜란드의 ASML은 다른 장비 업체에 비해 매출에서 한국이 차지하는 비중이 높은 편이다.

극자외선 공정(EUV, extreme ultraviolet photolithography)

극자외선 공정은 반도체를 만드는 데 중요한 과정인 포토 공정에서 극자외선 파장의 광원을 사용하는 리소그래피(Extreme UltraViolet lithography) 기술 또는 이를 활용한 제조 공정을 말한다. 극자외선 파장은 기존 공정 기술인 불화아르곤(ArF) 광원보다 파장의 길이가 10분의 1 미만이어서, 극자외선 파장을 가진 광원으로 노광작업(레이저 광원으로 웨이퍼에 패턴을 새기는 작업)을 하면 반도체 회로 패턴을 더욱 세밀하게 제작할 수 있을뿐더러 공정 수를 줄여 생산성을 높이고 고성능을 확보할 수 있도록 한다. 네덜란드 반도체 장비 기업인 ASML이 극자외선 공정 장비를 독점 생산한다.

주요 반도체 장비 업체 시장 점유율

반도체 장비 업체	시장점유율	주요 제품	한국 비중
어플라이드 머티어리얼즈	20.0%	종합 반도체 장비 회사	25%

ASML	18.0%	리소그래피 시스템, EUV 독점 생산	28%
램리서치	15.0%	패키징 전문 업체	24%
도쿄일렉트론	12.0%	식각 장비와 증착 장비	20%
KLA	8.0%	결함 검사 장비 (수율 향상에 중요)	18%
스크린홀딩스	3.0%	포토마스크 장비와 클리닝 장비	8%
어드밴테스트	3.0%	후공정 중 테스트 장비	22%
테러다인	2.5%	후공정 중 테스트 장비	15%
ASM 인터내셔널	2.5%	증착 장비(ALD) - 원익 IPS 경쟁사	n/a

[출처: 회사 자료]

PART 3

반도체주에 투자하는 당신에게

1

경쟁력 있는
전 세계 반도체주

애널리스트 박정준이 생각하는
반도체 산업의 전망

"강한 자가 살아남는 게 아니라 살아남는 자가 강하다"는 말이 가장 잘 들어맞는 곳이 메모리 반도체 시장이다. 메모리 시장은 근본적으로 수급에 따라 가격이 결정되고, 메모리 가격이 메모리 반도체 시장 성장과 수익률의 가장 큰 변수다.

메모리 시장은 메모리 가격이 상승하면 수요가 줄고 공급이 늘어나 과잉 공급을 일으켜 가격이 떨어지고, 메모리 가격이 하락하면 공급이 줄고 수요가 늘어나 공급 부족을 일으켜 결국 메모리 가격이 오르는 기본적인 경제 원리가 적용되는 시장이다.

가격은 공급과 수요의 상관관계로 인해 계속 변화하고 중장기 공급 증가를 결정하는 것은 수요의 변화이다. 반도체 산업 자체가 장치 산업이고 시설 투자 이후 공급 증가까지 짧게는 1년 반 길게는 3년 이상이 걸린다. 따라서 단기적인 수요 증가보다는 중장기 수요 예측이 투자 결정에 가장 중요한 변수이다. 그리고 일단 새로운 설비가 들어오면 고정비가 높은 반도체 특성상 100% 가동을 해야 하기에 수요의 변화와 관계 없이 공급은 늘어날 수밖에 없다.

메모리 반도체에 대한 수요는 PC에서 모바일, 그리고 서버로 계속 변화가 일어났다. 과거 PC 시대에는 수많은 디램 회사가 난립했는데 전형적인 범용 제품 생산에 치우쳐 있었기에 규모의 경제만이 원가 절감을 가능하게 했다. 따라서 모든 메모리(대부분 디램) 회사들이 원가 절감을 위해 시장점유율을 높이는 과잉 투자를 지속했다.

수요의 축이 모바일로 옮겨가면서 맞춤 제품의 성격을 지닌 모바일 디램으로 인해 디램 회사들의 차별화가 어느 정도 이루어졌다. 내부 고객이 있는 삼성전자는 계속 업계 선두를 유지했고, SK하이닉스는 살아남기 위해 적극적으로 중국 모바일 업체를 공략하고 기존 공장의 효율성을 최적화하며 시장점유율 확대를 노리기보다는 2등 업체로서 만족하며 생존 전략을 이어갔다.

미국의 마이크론은 신규 투자에 나서기보다는 공급업체 간 통합을 추진하던 중에 파산 직전인 일본과 대만의 메모리 반도체 회사를 헐값에 사들여 기존 마이크론의 기술을 접목하는 전략을 취했다. 마이크론은 이런 전략을 통해 투자의 효율성을 극대화하며 시장점유율을 높여갔다. 따라서 모바일 시대에는 1등부터 3등까지의 순위와 시장점유율 변화가 크지 않았다.

그 후 메모리 수요가 서버 쪽으로 옮겨가면서 SK하이닉스는 미국의 데이터센터 업체뿐만 아니라 작은 규모의 기업 고객들에게 적극적으로 대응했다. 또한 2019년 삼성전자가 아마존에 판매한 1xnm(1세대 10나노미터) 서버 디램의 불량 문제가 제기되면서 SK하이닉스가 반사이익을 얻었다. 이 일은 SK하이닉스가 삼성전자가 장악했던 미국 주요 데이터센

삼성전자 vs. SK하이닉스 주가(연초 대비)

23%

-30%

삼성전자 ─── SK하이닉스

(출처: 인베스팅닷컴)

터 고객을 흡수하고 시장점유율을 높이는 계기가 되었다.

이후 챗GPT와 더불어 AI 서버에 대한 수요가 확대되면서 HBM 수요가 폭발적으로 증가한 덕분에, HBM 분야에서 SK하이닉스는 창사 이래 처음으로 삼성전자를 제치고 전체 시장의 50%가 넘는 점유율을 기록하며 시장을 장악하게 되었다. 삼성전자도 포기한 HBM에서 미래의 가능성을 보고 뚝심 있게 계속 투자한 일이 HBM 내에서 지금의 SK하이닉스의 위상을 만들었다고 할 수 있다.

현재는 메모리 반도체 수요 측면에서 서버 비중이 가장 높고 모바일이 그다음이다. PC는 전체 수요의 10% 정도를 차지하고 있다. 과거보다 수요의 다변화가 어느 정도 이루어졌지만, 메모리 사이클은 결국 메모리 가격에 따라 결정되고 메모리 가격은 수급에 따라 결정되는 근본적인 구조는 바뀌지 않으리라고 생각한다.

수요의 변화뿐만 아니라 메모리 반도체 시장에서 독과점적인 지위를 차지하고 있는 3사가 치킨게임(어느 한쪽이 양보하지 않을 경우 모두 파국으로 치닫게 되는 극단적인 게임 이론)을 하기보다는 투자의 효율성을 강조하고 보수적인 수요 예측으로 저투자Underinvestment(필요한 투자보다 적게 투자)에 나서면 메모리 시장은 과거와 다른 사이클을 보여줄 수 있으리라고 기대한다.

또한 메모리 반도체 회사들이 기존의 생산 물량 기준이 아니라 매출 기준으로 다음 분기 실적에 대한 예측치를 제공하는 것도 물량 기준인 시장점유율보다는 수익에 초점을 맞춘다는 경영 방침을 시장에 보일 수 있는 좋은 방법이라고 생각한다.

현재 시장에서는 HBM 때문에 메모리 반도체 산업이 기존의 사이클에서 벗어날 것이라고 예상하지만, 나는 앞서 언급한 대로 2024년을 기점으로 HBM이 일으킨 주가 움직임은 점점 사그라질 것이라고 예측한다. 따라서 메모리 가격의 방향성에 따라 메모리 회사와 관련된 공급망 회사들의 주가도 과거와 마찬가지로 움직이리라고 생각한다.

다만 기존 3사가 보수적인 투자를 지향하고 시장점유율보다 수익성과 투자 효율성, 배당 등 현금 흐름에 입각한 전략을 세운다면 앞으로 불황이 닥쳐도 과거처럼 수익성이 급격하게 하락하는 일을 어느 정도 막을 수 있으리라고 예상한다.

또한 메모리 사이클이 과거보다 짧아짐에 따라 주식 투자자들이 향후 사이클에서 역발상 투자를 할 필요도 있다고 생각한다. 다시 말하면 메모리 가격이 하락하는 시점에 매수를 하고 반대로 메모리 가격이 오르는 시점에 매도를 하는 전략을 취해야 한다는 말이다.

가격이 하락하는 시점에 추가적인 주가 하락이 동반될 수 있지만 메모리 특성상 사이클이 호황으로 바뀌면 주가는 2배 이상 상승함에 따라 초기 투자로 인한 손실을 충분히 감당할 수준이라고 사료된다.

메모리 반도체 주식에 투자할 때 기관 투자자들이 가장 많이 보는 밸류에이션이 주가순자산비율이다. 즉 장부가액 대비 현재 주가가 몇 배에 거래되는지를 보는 것이다. 지난 10년이 넘는 사이클 동안 주가가 장부가액 대비 1.0x 이하로 떨어지면 메모리 주식을 사고 2.0x 가까이 가면 파는 것이 불문율처럼 여겨졌다. 다만 최근 HBM으로 인해 주가순자산비율이 2.0x 이상으로 올라갔기 때문에 단기간에 수익 추정치의 급격한 상승이 없으면 주가의 모멘텀이 2024년 상반기처럼 높지는 않으리라고 예상한다.

장부가액(Book Value)

장부가액 혹은 장부가치는 회계에서 대차대조표 계정 잔액에 따른 자산의 가치이다. 전통적으로 회사의 장부가치는 총 자산에서 무형 자산과 부채를 뺀 금액이다. 순자산 혹은 총자본과 같은 개념이다.

반면 반도체 주식에 투자할 때 전통적인 밸류에이션인 주가수익비율을 보는 것은 추천하지 않는다. 특히 메모리 반도체 주식은 이익에 대한

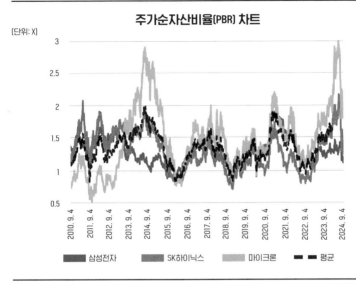

주가순자산비율(PBR) 차트

[단위: X]

범례: 삼성전자 / SK하이닉스 / 마이크론 / 평균

[출처: 인베스팅닷컴]

가시성이 떨어지고 메모리 반도체 가격 변동에 따른 매출과 이익의 변동폭이 크기에, 주가수익비율로 밸류에이션을 할 경우 잘못 추정된 이익을 기준으로 현재 주가가 고평가되었는지 저평가되었는지 판단할 위험성이 있다. 또한 불황에서는 손실이 나기 때문에 주가수익비율로 밸류에이션이 힘든 측면이 있어 연속성 면에서도 문제가 있다.

주가는 회사의 미래 가치를 나타내는 지표이고 회사의 미래 가치는 결국 수익을 창출할 수 있는 능력이다. 시장 참여자들, 특히 애널리스트들이 계속 오르고 있는 주식의 목표주가를 올리기 위해 수익 추정치를 조정하는 게 아니라 밸류에이션 멀티플을 올리면서 리레이팅re-rating을 외치는 순간 주가의 업사이드는 제한적이라고 보는 게 맞다.

리레이팅은 애널리스트가 향후 회사의 수익이 더 오를 확률은 높지 않은데 현재 주가가 이미 본인의 목표주가에 다다랐기 때문에 타깃 멀티플Target multiple(목표주가 산정을 위해 이익의 배수를 정하는 것)을 상향 조정해 목표주가를 현재 주가보다 높은 수준으로 만드는 것이다.

쉽게 설명하면 내년도 주당순이익이 10,000원이고 이 회사는 주당순이익의 10배에 거래될 것이라고 가정해 목표주가 100,000원을 제시했는데 주가가 100,000원까지 오르고 주당순이익을 올릴 만한 재료는 없는 상황에서 타깃 멀티플을 10배 대신 15배로 제시하면서 목표주가를 150,000원으로 올린다는 뜻이다.

거꾸로 애널리스트가 디레이팅de-rating을 말하면서, 계속 떨어지는 주식의 이익을 하향 조정하는 것이 아니라 타깃 멀티플을 하향 조정해 목표주가를 낮추면 주가가 바닥에 근접했다는 신호로 봐도 좋을 듯하다. 앞에서 설명했듯이 오르는 주식은 계속 오를 듯싶고 내리는 주식은 계속 내릴 듯싶은 게 인간의 심리이다. 하지만 계속 오르거나 계속 떨어지는 주식은 실제로 존재하지 않는다.

개인적으로 개별 주식보다는 지수에 투자하는 쪽을 추천하지만 일반 투자자가 꼭 반도체주 중에서 투자 종목을 정하고 싶다면 반도체 산업 공급망에서 주요한 위치에 있는 회사에 각각 투자할 것을 추천한다.

예를 들어 메모리 반도체 분야에서는 종합 반도체 회사(예: SK하이닉스, 마이크론), 파운드리 분야에서는 TSMC, 팹리스 분야에서는 엔비디아, 반도체 장비 분야에서는 극자외선 공정 장비 독점 공급하는 ASML, 그리고 EDA와 IP 회사(예: 암홀딩스) 중 각각 하나씩이다. 마지막으로 소재 쪽은 순수 반도체 소재 회사가 없고 웨이퍼는 범용 제품 성격이 강하기 때문에 투자를 추천하지 않는다. 참고로 소재 쪽은 대부분 일본 회사이고 비상장 회사도 많이 있다.

에필로그

투자에는 정답이 없다. 각자 자기만의 노하우가 있고 투자하는 자산도 다양하다. 투자에서 가장 중요한 원칙은 아는 것에 투자하는 것이고 너무 당연한 얘기지만 장기 투자이다. 나에게 맞는 옷을 입어야지 남이 입은 옷이 좋아 보인다고 무조건 따라 입으면 결국은 나에게 맞지 않을 수 있다. 또한 한 번 입고 버릴 옷을 사는 것이 아니라 계속 입을 수 있는 옷을 산다는 마음으로 투자를 해야 한다.

정보가 홍수처럼 범람하는 시절이라 정보의 신뢰성을 파악하는 일이 무엇보다 중요하다. 때문에 한쪽의 말만 듣기보다는 다른 쪽에서 나온 말과 대조해 믿을 수 있는 정보인지 확인해야 한다. 특정 주식에 대한 뉴스를 같은 업종에 있는 다른 회사 혹은 공급망에 속해 있는 회사의 정보를 토대로 신뢰할 수 있는지 검증해야 한다. 어떤 정보를 들었을 때 늘 의심하고 확인하는 자세를 가져야 한다.

또한 투자의 범위는 국내로만 한정하지 말고 해외로 넓히는 게 좋다. 국내 시장에서 장기적으로 투자할 만한 주식은 제한적이고 투자 자금 측면에서 향후 국내 시장에 들어올 자금은 한정적이기 때문에 해외 주식에 관심을 기울일 필요가 있다. 앞에서 언급했듯이 본인이 잘 아는 주식이 없다면 개별 주식에 투자하기보다는 해외의 지수를 통해 분산 투자하는 방법을 추천한다.

특정 회사 혹은 산업을 분석하는 데는 많은 시간과 노력이 필요하고 정보의 신뢰성을 검증하는 데도 오랜 경험이 필요하다. 주식시장은 불특정 다수의 참여자들이 각자의 정보를 토대로 남보다 먼저 선점을 하고 정보의 비대칭성이 해소되는 순간에 수익을 실현하는 시장이다. 따라서 특정 정보를 바탕으로 단기 투자를 하는 것보다는 산업의 흐름을 바탕으로 관련된 공급망에 속한 대표적인 회사에 투자하는 방법이 유효하다고 생각한다.

끝으로 많은 나이는 아니지만 100세 인생의 반환점을 통과한 인생의 선배로서 젊은 친구들에게 건네고 싶은 조언이 있다.

바로 누구든 목표를 세우고 현실에 충실하면 결국 원하는 목표를 이룰 수 있다는 것이다. 목표를 향해 가는 길에는 지름길도 있고 돌아가는 길도 있을 수 있지만 너무 조급하게 생각하지 말고 하루하루 충실하게 걸어가면 결국 목표에 다다를 수 있다.

따라서 통제할 수 없는 외생변수에 의지하거나 현재 상황에 대해 불평하지 않고 최선을 다해 지금 할 수 있는 일을 해나가다 보면 언젠가는 각자가 정한 목표를 이룰 수 있고 지름길이 아니어도 원하는 목표에 결국은 다다를 수 있다. 목표를 이루어가는 중간 과정에서 지름길이 당장은 빨라 보인다 해도 그 후 이어지는 길은 가시밭길이 될 수 있으니, 방향만 틀리지 않다면 묵묵히 한 걸음 한 걸음 나가는 것이 목표를 이루는 진정한 지름길이 될 것이다.

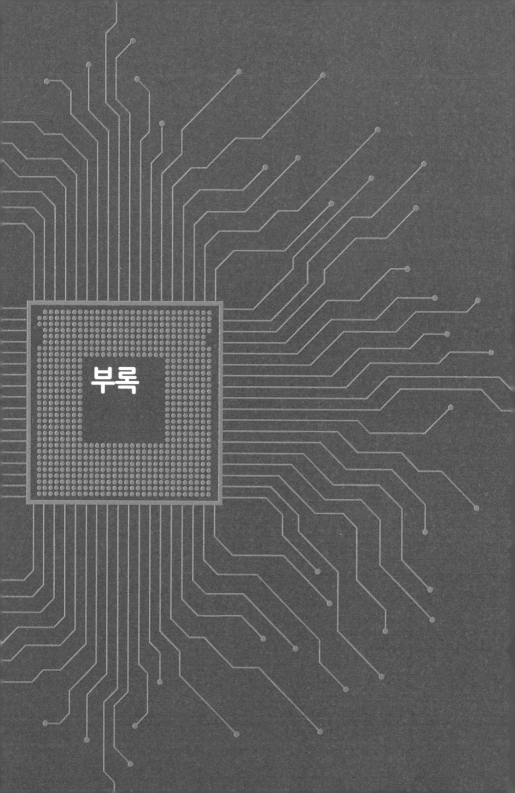

부록

반도체주 투자자라면 꼭 알아야 하는 개념과 용어

반도체 용어를 보면 대부분 영어 단어이고 화학 용어가 많다. 나름대로 30년 가까이 반도체 시장을 본 사람으로서 반도체 공정, 장비, 소재와 관련된 무수한 용어를 알고 이해하는 것이 반도체주 투자에 도움이 된다고는 생각지 않는다.

투자자가 무엇보다 중요하게 인식해야 하는 사실은 메모리 반도체가 전체 반도체의 일부분이고 전체 반도체는 응용처별로 세분화되어 있다는 점이다. 반도체 칩을 만드는 회사는 메모리 반도체와 비메모리 반도체로 나누어지지만 장비나 소재 쪽은 대동소이한 부분이 많기 때문에, 반도체 공급망에 속한 회사의 주가는 결국 반도체 회사의 주가와 같이 움직인다고 볼 수 있다. 한편 반도체 회사의 주가는 전방산업, 예를 들어 PC, 모바일, 서버 등의 수요에 따라 움직인다.

앞서 설명했듯이 메모리는 메모리 가격에 따라 매출과 이익의 변동성이 커지고 메모리 가격은 수급에 따라 결정되기 때문에 비메모리 반도체 회사와 다르게 공급 쪽의 변화도 중요한 변수 중 하나이다.

반도체 산업은 칩을 생산하는 공정을 기준으로 설계(팹리스) ➔ 생산

(파운드리) ➞ 조립 및 검사(OSAT, 반도체 패키징 및 테스트 외주업체) 단계로 진행되며 이런 제조 과정을 지원하는 소재 및 장비 산업이 있다. 설계 분야에서는 미국이 압도적인 우위로 세계를 리드하고 있으며, 특히 반도체 설계와 생산에 사용되는 디자인 솔루션을 제공하는 설계 툴EDA, Electronic Computer Aided Design을 독점하고 있다. 한국에 몇몇 팹리스 회사가 있으나 규모나 경쟁력 측면에서 미국, 대만, 중국 회사와 비교가 힘든 상황이다.

반도체 설계와 제조를 일괄 내부화한 종합 반도체 회사로는 대부분의 메모리 반도체 회사와 CPU 회사인 인텔이 있고 한국이 가장 앞서 있다. 한편 파운드리 업계는 초미세 가공 기술 확보와 IP 확보가 경쟁의 관건이 되는데, 대만의 TSMC가 가공 기술 및 생산 능력을 모두 겸비해 파운드리 시장을 독점하고 있다.

장비 분야는 전통의 강호인 유럽과 미국, 일본이 거의 독점하고 있다. 한국의 몇몇 장비 회사는 주로 후공정의 특정 공정에 특화된 장비를 생산해 국내 반도체 회사에 공급하고 있다. 소재 분야에서는 웨이퍼 생산을 제외하고 일본과 유럽 회사가 강점을 나타내고 있다. 몇몇 소재 분야에서 국산화 노력이 있었으나 품질이나 가격 면에서 아직 일본 업체들에 비해 열세다.

참고로 반도체 장비와 칩 메이커들은 반도체에 특화되어 있는 반면 소재 쪽은 웨이퍼 회사들을 제외하고는 반도체 이외에 다른 시장에도 공급하기 때문에 순수 반도체 공급망에 속한다고 보기는 힘들다.

일반 투자자에게는 다음 장에 나와 있는 회사들에 개별적으로 투자하기보다는 반도체 ETF 등을 통해 투자하는 방법을 택하기를 권한다. 아니면 나스닥에 상장된 필라델피아 반도체 지수에 투자하는 것도 좋은 방법이다.

필라델피아 반도체 지수는 나스닥과 뉴욕에 상장된 반도체 설계, 제조, 판매, 장비와 관련된 미국 반도체 회사의 주가를 포함하고 있는 포트폴리오이다. 물론 대부분 상위 30개 미국 반도체 회사로 구성되어 있지만 TSMC와 같은 대표적인 대만 반도체 회사와 EUV를 독점 공급하는 유럽 회사인 ASML도 포함되어 있다.

필라델피아 반도체 지수는 상위 5개 업체, 엔비디아(12%), 브로드컴(10%), AMD(8%), 퀄컴(4%), 인텔(4%) 중심으로 구성되어 있어 5개 업체가 전체 지수의 약 40% 가까이 차지하고 있다. 참고로 최근 1년 동안 한국인이 가장 많이 거래한 해외 주식이 SOXL인데 이 지수는 필라델피아 반도체 지수 일간 수익률의 정방향으로 3배를 추종하는 ETF이다.

다시 말하면 필라델피아 반도체 지수가 1% 오르면 SOXL은 3% 상승하고 반대로 필라델피아 반도체 지수가 1% 떨어지면 SOXL은 3% 떨어지는 구조이다. 쉽게 얘기해 투자 원금의 3배를 빌려서 투자하는 것과 같은 개념이라 개인적으로 추천하지는 않는다.

30개 종목으로 구성되어 있지만 상장된 지수 중 변동성이 가장 높은 지수가 필라델피아 반도체 지수이기 때문에 레버리지를 안 해도 위험을 감수하고 충분한 수익을 기대할 수 있다.

	사명	시장가치 (10억 US$)	매출 (10억 US$)	P/E Ratio	베타	주가수익률		
						YTD	1년	3년
1	엔비디아	2,085	80	67	1.7	135	164	475
2	TSMC	755	76	26	1.3	66	88	49
3	브로드컴	727	43	66	1.2	40	85	221
4	ASML	341	28	46	1.1	15	33	10
5	AMD	228	23	168	1.7	−4	27	28
6	퀄컴	189	37	22	1.3	17	52	14
7	텍사스 인스트루먼트	180	16	34	1.0	16	17	5
8	어플라이드 머티어리얼즈	166	27	23	1.6	24	43	55
9	램리서치	110	15	29	1.5	7	28	45
10	마이크론	108	21	−69	1.2	14	49	37
11	KLA	107	10	39	1.3	37	64	142
12	애널로그 디바이시스	105	10	50	1.1	10	20	28
13	인텔	88	55	88	1.1	−59	−41	−62
14	NXP	63	13	23	1.5	8	23	15
15	마벨테크놀로지	55	5	−56	1.5	6	8	6
16	마이크로칩	42	7	31	1.5	−12	−2	4
17	모놀리틱	42	2	101	1.1	38	67	87
18	온세미콘덕터	31	8	16	1.7	−13	−23	68

필라델피아 반도체 지수 구성 종목 (2024년 8월 12일 기준)

19	글로벌파운드리	25	7	29	1.6	−26	−22	0
20	테러다인	21	3	39	1.5	17	25	7
21	스카이웍스	17	4	22	1.2	−5	1	−42
22	인테그리스	16	3	88	1.2	−9	13	−6
23	쿼보	11	4	−404	1.5	−1	12	−41
24	코히런트	10	4	57		54	42	6
25	앰코	8	6	21	1.9	−3	25	22
26	래티스	7	6	34	1.4	−31	−45	−19
27	알레그로	5	9	60	1.7	−23	−40	−21
28	램버스	5	5	20	1.2	−36	−18	83
29	엑셀리스	4	1	15	1.6	−13	−34	162
30	울프스피드	2	10	−2	1.6	−71	−77	−86

[출처: 인베스팅닷컴]

반도체 공급망 분석

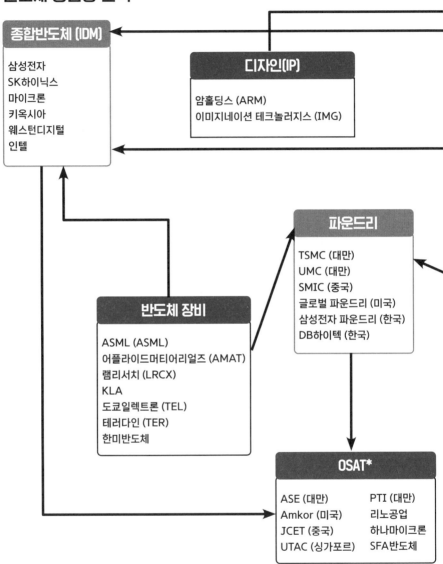

종합반도체 (IDM)

삼성전자
SK하이닉스
마이크론
키옥시아
웨스턴디지털
인텔

디자인(IP)

암홀딩스 (ARM)
이미지네이션 테크놀러지스 (IMG)

파운드리

TSMC (대만)
UMC (대만)
SMIC (중국)
글로벌 파운드리 (미국)
삼성전자 파운드리 (한국)
DB하이텍 (한국)

반도체 장비

ASML (ASML)
어플라이드머티어리얼즈 (AMAT)
램리서치 (LRCX)
KLA
도쿄일렉트론 (TEL)
테러다인 (TER)
한미반도체

OSAT*

ASE (대만)   PTI (대만)
Amkor (미국)   리노공업
JCET (중국)   하나마이크론
UTAC (싱가포르) SFA반도체

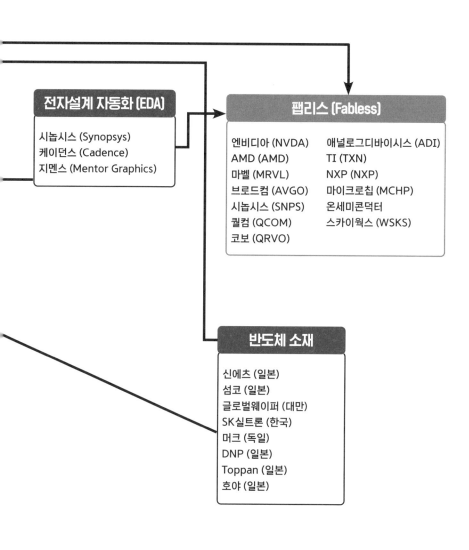

전자설계 자동화 (EDA)

시놉시스 (Synopsys)
케이던스 (Cadence)
지멘스 (Mentor Graphics)

팹리스 (Fabless)

엔비디아 (NVDA)   애널로그디바이시스 (ADI)
AMD (AMD)   TI (TXN)
마벨 (MRVL)   NXP (NXP)
브로드컴 (AVGO)   마이크로칩 (MCHP)
시놉시스 (SNPS)   온세미콘덕터
퀄컴 (QCOM)   스카이웍스 (WSKS)
코보 (QRVO)

반도체 소재

신에츠 (일본)
섬코 (일본)
글로벌웨이퍼 (대만)
SK실트론 (한국)
머크 (독일)
DNP (일본)
Toppan (일본)
호야 (일본)

*OSAT (Outsourced Semiconductor Assembly and Test)
 반도체 조립 및 검사를 하는 외주업체

반도체 & 투자 관련 용어

반도체(Semiconductor)

반도체란 전기가 잘 통하는 도체와 통하지 않는 부도체의 중간적인 성질을 나타내는 물질이다. 반도체들은 열, 빛, 자장, 전압, 전류 등의 영향으로 그 성질이 크게 바뀌는데, 이 특징에 의해 매우 다양한 용도로 활용되고 있다. '반도체'라는 말은 'semiconductor'의 'semi-(반)'와 'conductor(도체)'라는 단어에서 유래한 것이다.

디램(DRAM, Dynamic Random Access Memory)

일반적으로 컴퓨터 및 전자제품의 데이터를 저장하는 기능을 하는 반도체이다. 컴퓨터의 두뇌 역할을 하는 CPU가 연산 작업을 할 때는 데이터를 빨리 쓰고 지우는 고속 메모리가 필요한데 이것이 바로 디램이다. 디램은 CPU보다 100배 정도 느리지만 낸드 플래시보다는 1만 배 빠르다. 그러나 디램은 낸드와 달리 전원이 꺼지면 데이터가 완전히 사라져버리는 것이 단점이다. 디램은 1970년에 인텔이 개발했다.

낸드플래시(NAND Flash)

전원이 꺼지면 저장된 자료가 사라지는 디램과 달리 전원이 없는 상태에서도 데이터가 계속 저장되는 플래시 메모리를 말한다. 데이터 저장이 필요한 온갖 전자제품에 다 들어간다. 작고 가벼우면서도 자기 매체나 광학 매체에 비해 기계적인 충격에도 강하고, 직사광선, 고온, 습기에도 강하다. 1984년 일본 도시바가 개발했다.

노어플래시(NOR Flash)

신뢰성이 높고 랜덤 액세스가 빠르기 때문에 휴대기기용 프로그램의 기억장치로 널리 쓰인다. 주로 데이터 보존과 운반에 쓰이는 낸드와 달리 읽기 속도가 100ns에 달해 고속 랜덤 액세스가 가능하다. 다만 고집적화가 어렵고 데이터를 읽고 쓰는 데 많은 전류가 필요하다는 단점이 있다.

에스램(SRAM, Static RAM)

에스램은 전원이 차단될 경우 저장된 데이터가 소멸하는 휘발성 기억소자이지만, 전원이 공급되는 한 데이터가 보존되기 때문에 디램과 달리 리프레시가 필요 없다. 에스램은 여러 개의 트랜지스터가 하나의 셀을 구성하기 때문에 데이터를 이동시키는 통로가 많아 디램보다 데이터 처리 속도가 빠르다. 하지만 데이터를 저장하는 셀의 크기가 커 동일 면적에 대한 집적도가 낮고 회로구조가 복잡해 대용량으로 만들기 어렵다. 이러한 특징들로 인해 빠른 속도의 CPU와 연동되는 캐시 메모리나 그래픽카드 등 주로 소용량의 메모리로 사용된다.

중앙처리장치(CPU, Central Processing Unit)

컴퓨터의 정중앙에서 모든 데이터를 처리하는 장치라는 뜻이다. CPU는 컴퓨터의 두뇌에 해당하는 것으로서, 사용자로부터 입력받은 명령어를 해석, 연산한 후 그 결과를 출력하는 역할을 한다. 그리고 이렇게 하나의 부품에 연산 장치, 해독 장치, 제어 장치 등이 집적되어 있는 형태를 일컬어 '마이크로프로세서Micro-processor'라고 한다. CPU와 마이크로프로세서는 거의 같은 의미로 쓰이는 일이 많다.

그래픽처리장치(GPU, Graphic Processing Unit)

그래픽 처리를 위한 고성능의 처리 장치로 그래픽카드의 핵심이다. 1999년 엔비디아가 '지포스'를 출시하며 처음 나온 용어이다. GPU는 게임이나 영상 편집 등 멀티미디어 작업에서 CPU를 보조하기 위한 부품으로 등장했다. 그러나 최근에 GPU는 4차 산업혁명의 핵심인 인공지능 컴퓨터의 핵심 부품으로 손꼽히고 있다.

주문형 반도체(ASIC, Application Specific Integrated Circuit)

일반 집적회로와 달리 특정한 전자, 정보통신 제품에 사용할 목적으로 설계된 비메모리 반도체 칩을 말한다. 범용성이 높은 표준 반도체 칩과는 달리 고객이나 사용자가 요구하는 특정한 기능을 갖도록 설계, 제작된 반도체 칩이다.

논리회로형 반도체(FPGA, Field Programmable Gate Array)

프로그램이 가능한 비메모리 반도체의 일종이다. 회로 변경이 불가능한 일반 반도체와 달리 용도에 맞게 회로를 다시 새겨 넣을 수 있다. 즉 중앙처리장치나 그래픽처리장치와 같은 용도가 정해진 주문형 반도체와 달리, 칩 내부 회로를 용도에 따라 바꿀 수 있다.

특히 인공지능, 빅데이터, 클라우드, 자율주행, 고성능컴퓨팅 등 고도의 연산이 필요한 분야에서 강점이 있다.

스마트폰 중앙처리장치(AP, Application Processor)

AP는 스마트폰·태블릿 PC·디지털 TV 등에 사용되는 비메모리 반도체로 일반 컴퓨터의 중앙처리장치와 같은 역할을 한다. 스마트폰에 들어가는 반도체 중 가장 기술집약적이다. 코어core라는 기본 단위로 이뤄졌다. 일반적으로 코어가 많을수록 앱 실행이나 그래픽 작업이 빠르다.

비트와 바이트(bit vs. Byte)

반도체를 얘기할 때 많이 쓰이는 단어가 비트와 바이트이다. 표기는 bit=b(소문자)로 Byte=B(대문자)로 표기한다. 비트는 컴퓨터가 데이터를 처리하기 위해 사용하는 데이터의 최소 단위이다. 컴퓨터는 모든 데이터를 2진수binary로 표현하고 처리하는데, 비트에는 2진수의 값(0과 1)을 단 하나만 저장할 수 있다. 바이트란 위와 같은 비트가 8개 모여서 구성되며, 한 문자를 표현할 수 있는 최소 단위이다. 따라서 8bit＝1Byte와 같은 개념이다.

전공정(Front-end process)

전공정은 반도체 팹공정을 통해서 웨이퍼에 회로를 새겨 칩을 완성하는 공정이다. 전공정에는 웨이퍼 제조, 산화, 포토, 식각, 증착, 금속배선 공정이 포함되어 있다. 반도체 제조는 클린룸cleanroom에서 이루어지는데 먼지의 발생, 유입, 유보가 최소화되도록 설계되어 있다.

후공정(Back-end process)

전공정을 통해 완성된 웨이퍼를 칩 단위로 절단 및 분리해 패키징 후 테스트를 하는 공정이다. 최근에 HBM이 떠오르면서 후공정의 중요성이 높아지고 있다.

웨이퍼(Wafer)

반도체를 만드는 토대가 되는 얇은 판을 의미한다. 웨이퍼 표면은 반도체의 정밀도에 영향을 미치기 때문에 고도로 평탄해야 한다. 실리콘으로 만들어 조립 후 검사가 끝나면 개별 칩으로 잘려서 완성된 반도체 기능을 하게 된다. 웨이퍼 지름 길이에 따라 200mm(8인치), 300mm로(12인치)로 부른다.

팹(Fab)

Fabrication facility의 준말로 실리콘 웨이퍼 제조 공장을 의미한다. 대체로 한 회사 전체를 지칭하기보다는 개별 시설을 의미한다. 자체적으로 팹을 보유하지 않고 제품을 설계 및 개발만 한 뒤 팹을 갖고 있는 회사(파운드리)에 반도체 생산을 위탁하는 회사를 팹리스 반도체 회사라고 부른다.

캐퍼(Capacity)

반도체 공장에서 사용되는 웨이퍼 생산 능력을 사용하는 용어로 주로 숫자에 'K'를 붙인다. 'K'는 'Kilo'의 약자로, 1,000을 의미하는 단위이다. 예를 들어 반도체 공장의 캐퍼가 10K라면 한 번에 10,000개의 반도체 웨이퍼를 생산할 수 있다는 뜻이다.

레거시(Legacy)

반도체에서 레거시란 최신, 최첨단 공정이 아닌 옛날식, 고전적인 제조 방식으로 생산된 제품이나 기술을 의미한다.

자본적 지출(Capex, Capital expenditure)

기업이 영업 활동에 사용되는 자산, 공장, 건물, 장비 등의 물리적 유형자산을 취득하기 위해 지출한 비용이나 투자 금액을 의미한다. 반도체 산업에서 자본적 지출은 공급 증가의 선행지표로 간주되기 때문에 시장점유율을 볼 수 있는 척도이다.

수율(Yield)

웨이퍼에서 설계된 칩IC의 최대 개수 대비 생산된 칩 중 정상적으로 작동하는 칩의 개수를 백분율로 나타낸 것이다. 수율이 높을수록 생산성이 향상됨을 의미한다. 수식은 (실제 생산된 정상 칩 수 ÷ 설계된 최대 칩 수) × 100이다.

미세화 공정(Tech migration)

나노미터 단위로 반도체 칩 회로 선폭을 줄여 공정을 미세화하는 작업을 의미한다. 반도체 크기를 줄이면 한 웨이퍼에서 더 많은 칩을 생산할 수 있기 때문에 생산성이 향상되고 칩당 단위 원가가 줄어들게 된다. 미세화가 어려운 이유는 트랜지스터 간 간섭 때문이다. 미세화가 올라갈수록 트랜지스터 간 간격이 좁아져 전류 누설 등 간섭에 의한 불량이 많아지는 것이다.

극자외선 공정(EUV, extreme ultraviolet photolithography)

극자외선 공정은 반도체를 만드는 데 있어 중요한 과정인 포토 공정에서 극자외선 파장의 광원을 사용하는 리소그래피Extreme UltraViolet lithography 기술 또는 이를 활용한 제조 공정을 말한다. 극자외선 파장은 기존 공정 기술인 불화아르곤ArF 광원보다 파장의 길이가 10분의 1 미만이어서, 극자외선 파장을 가진 광원으로 노광작업(레이저 광원으로 웨이퍼에 패턴을 새기는 작업)을 하면 반도체 회로 패턴을 더욱 세밀하게 제작할 수 있을뿐더러 공정 수를 줄여 생산성을 높이고 고성능을 확보할 수 있도록 한다. 네덜란드 반도체 장비 기업인 ASML이 EUV 장비를 독점 생산한다.

나노미터(nm, nanometer)

1나노미터는 1미터의 '10억분의 1'이다. 반도체에서 나노는 칩 안에 있는 여러 회로 간 간격을 의미한다. 사람 머리카락의 굵기가 보통 0.1mm

이니 1나노미터는 머리카락 굵기의 1÷100,000이다.

플로팅게이트(FG, Floating gate), 차지트랩플래시(CTF, Charge Trap Flash)

낸드의 제조 기법은 FG와 CTF로 나뉜다. FG는 전하Data를 도체에 저장하는 방식으로 오랫동안 사용돼왔다. 하지만 낸드가 2D에서 3D로 넘어가며 적층 기술이 중요해졌다. 적층으로 인해 주변 셀의 간섭이 심해지기 때문에, 이를 개선하기 위해 개발된 기술이 바로 부도체에 전하를 저장해 적층 이동간 간섭이 적은 CTF다. 다른 말로 낸드에 저장되는 데이터 용량이 커짐에 따라 데이터 간의 간섭을 최소화하는 기법이 CTF다. FG는 데이터 보존성이 우수하고 기술에 대한 신뢰성이 높다는 장점이 있다. 하지만 반복적인 쓰기와 지우기 과정에서 내구성이 저하되고 쓰기 및 읽기 속도가 상대적으로 느리다. 가장 큰 문제는 셀 사이즈가 작아질수록 셀 간 간섭이 심해져서 지속적인 업그레이드가 힘들다는 점이다.

낸드 저장 방식(SLC, MLC, TLC, QLC)

저장 방식은 한정된 한 개의 셀 안에 저장하는 비트 수에 따라 차이가 나는 것으로 셀당 저장 비트 수가 높을수록 동일 용량일 때 가격이 싸지만 안정성이 떨어진다. 안정성 순서는 SLC(Single Level Cell) > MLC(Multi Level Cell) > TLC(Triple Level Cell) > QLC(Quad Level Cell)이다. SLC가 가장 비싸고 가장 안정성이 좋지만 용량의 한계가 있기 때문에 현재 가성비가 좋은 TLC와 QLC 제품이 많이 출시된다.

SSD(Solid State Disk 또는 Solid State Drive)

주로 낸드플래시 메모리를 저장 매체로 사용하는 대용량 저장장치를 뜻한다. SSD는 HDDHard Disk Drive보다 빠른 속도로 데이터의 읽기나 쓰기가 가능하다. 그리고 물리적으로 움직이는 부품이 없기 때문에 작동 소음이 없으며 전력 소모도 적다. eSSD는 enterprise SSD로 이름 그대로 엔터프라이즈 데이터센터에서 주로 사용되기 때문에 속도와 안정성이 중요하다.

HBM 반도체(High Bandwidth Memory)

HBM 반도체는 넓은 대역폭을 지닌 메모리이다. 여기서 '대역폭'이란 주어진 시간 안에 데이터를 전송하는 속도나 처리량, 즉 데이터 운반 능력을 의미한다. HBM은 현재 메모리 시장에서 가장 넓은 대역폭을 지닌 메모리 반도체인데, 간단히 이야기하면 메모리 중 데이터를 가장 빠르게 처리하고 전송할 수 있다. HBM은 여러 개의 칩을 쌓아서 마치 한 개의 반도체처럼 움직이게 한다. 여러 개의 칩을 쌓은 뒤 수천 개의 구멍(판)을 뚫는 과정을 거치는데 이런 복잡한 과정을 거쳐서 하나의 반도체로 작동하려면 후공정 단계가 중요하다.

실리콘 관통전극(TSV, Through Silicon Via) 공정

실리콘 관통전극 공정은 간단하게 말하면 디램에 구멍을 뚫고 이 디램을 수직으로 적층하는 공정이다. 칩 내부에 미세한 구멍을 뚫어 상단과 하단의 칩을 전기적으로 직접 연결하는 패키징 방식을 채택했는데, 이 구멍, 즉 via는 전도성 물질로 채워져 있어 칩 내부의 전기적 연결 통로를 확보하게 된다.

고성능컴퓨팅(HPC, High-Performance Computing)

고급 연산 문제를 풀기 위해 슈퍼컴퓨터 및 컴퓨터 클러스터를 사용하해 대용량의 정보를 고속으로 처리해주는 컴퓨팅 환경을 일컫는다. 컴퓨팅 파워를 이용해 고도로 복잡한 문제를 해결하고, 비즈니스 크리티컬 분석 작업 수행, 연산 집약형 작업 부하 처리 등 복잡한 작업을 더욱 빠르고 효율적으로 수행한다.

TSMC(Taiwan Semiconductor Manufacturing Company)

TSMC는 대만의 반도체 제조 기업(파운드리)이다. 전 세계 파운드리 점유율 60% 이상을 차지하는 회사로, 530개의 기업을 위해 12,000개 이상의 반도체를 제조하고 있다. 최대 고객은 애플, 퀄컴, 엔비디아, 미디어텍, AMD, 브로드컴, 마벨테크놀로지 등으로 메모리를 제외한 모든 반도체를 생산하고 있다.

UMC(United Microelectronics Corporation)

대만 최초의 반도체 생산 기업으로, 2024년 기준 파운드리 점유율 3위를 기록하고 있다. 14nm 이상의 레거시 공정을 주로 취급하며 글로벌파운드리, SMIC 등과 경쟁하고 있다.

외주 반도체 조립 및 검사(OSAT, Outsourced Semiconductor Assembly and Test)

반도체 산업에서는 디자인, 웨이퍼 제조, 소자 조립 및 테스트 등 복잡하고 다양한 공정 단계가 필요한데, 그중 소자 조립 및 패키징과 테스트 과정을 담당하는 외부업체를 OSAT라고 부른다. OSAT 업체들은 파운드리 업체로부터 외주 물량을 수주해 패키징 및 테스트 작업을 진행한다.

GUI(Graphical User Interface)

사용자가 컴퓨터와 정보를 교환할 때 그래픽을 통해 작업할 수 있는 환경을 말한다. 마우스 등을 이용해 화면에 있는 메뉴를 신택해 작업을 할 수 있다. 도스DOS의 명령어 인터페이스와 대조적이다.

서버(Server)

서버란 하나의 고성능 컴퓨터로, 다수의 사용자에게 '서비스를 제공하는 역할을 수행하는 컴퓨터'를 말한다. 일반적으로 서버는 다수의 클라이언트 요청을 처리하기 때문에 많은 양의 리소스가 필요하다. 이러한 이유로 서버는 고가의 하드웨어로 구성된 고성능 장비로 구축하는 경우가 많으며, 다수의 네트워크 트래픽을 빠르게 처리하기 위해 빠른 전용회선 기반의 IDCInternet Data Center 등에서 서비스를 한다.

데이터센터(DC, Data Center)

서버 컴퓨터와 네트워크 회선 등을 제공하는 건물이나 시설을 말한다. 즉 디지털 데이터를 저장 및 관리하고 IT 인프라를 보관하는 물리적 건물 또는 시설이다. 인터넷 검색, 쇼핑, 게임, 교육 등 방대한 정보를 저장하고 웹사이트에 표시하기 위해 수천, 수만 대의 서버 컴퓨터가 필요하게 되자, 이 서버 컴퓨터를 한 장소에 모아 안정적으로 관리하기 위한 목적으로 인터넷 데이터센터를 건립하게 되었다.

하이퍼스케일러(Hyperscaler)

대규모 데이터센터를 운영하고 컴퓨팅, 스토리지, 네트워킹 등 다양한 클라우드 서비스를 엔터프라이즈 규모로 제공하는 회사를 의미한다. 대규모 플랫폼을 호스팅하는 데 필요한 성능을 갖추고 대규모 확장성을 제공한다. 관련된 회사로는 아마존, 마이크로소프트, 구글, IBM, 메타 등이 있다.

칩스법(Chip and Science Act)

미국의 반도체 지원법(약칭 '칩스법')은 미국의 반도체 공장에 투자할 때 세액 공제 25%, 반도체 시설 건립 및 연구 개발에 530억 달러를 지원하는 법률로 미국 내 반도체 제조 역량 제고를 목적으로 제정되었다. 세부 내용은 설비 투자비 및 연구 개발 지원, 반도체 관련 인력 양성을 위한 연구 허브 지원, 반도체 공급 인프라 투자이다.

WSTS(World Semiconductor Trade Statistics)

세계 반도체 무역 통계 기관인 WSTS는 세계 유수의 반도체 메이커 60개사 이상이 참가하는 반도체 시장 데이터의 통계 기관이다. 반도체 제품별로 월별 판매량과 매출액을 제공하고 분기별, 연간 반도체 시장 규모에 대한 예측 자료도 제공한다. 공식 사이트는 www.wsts.org이다.

트렌드포스(TrendForce)

대만 타이페이에 2000년도에 설립된 글로벌 시장조사 기관으로, 전 세계 250명 이상의 전문가가 소속되어 있다. 디램, 낸드플래시, PC, 스마트폰, 노트북, 태블릿, TV, 모니터, 디스플레이, LED, 조명, 그린에너지, 반도체, 통신과 관련된 기술 개발, 시장 원리, 가치사슬, 경쟁 환경 및 국제 규제와 경제 이슈 등과 관련된 전략 분석을 제공한다. 자회사로 DRAMeXchange가 있다.

TFT-LCD(Thin Film Transistor Liquid Crystal Display)

액정의 변화와 편광판을 통과하는 빛의 양을 조절하는 방식으로 영상 정보를 표시하는 디지털 디스플레이다. 노트북 컴퓨터와 데스크톱 컴퓨터의 모니터, 휴대폰이나 텔레비전, 디지털카메라 등의 디스플레이로 사용된다.

OLED(Organic Light Emitting Diode)

형광성 유기화합물에 전류가 흐르면 빛을 내는 발광현상을 이용해 스스로 빛을 내는 자체 발광형 유기물질을 말한다. TFT-LCD 이상의 화질과 단순한 제조 공정으로 가격 경쟁에서 유리하다. 모바일 등에 쓰이는 소형 디스플레이 분야는 삼성디스플레이가, OLED TV에 쓰이는 대형 디스플레이는 LG디스플레이가 거의 시장을 독점하고 있다.

주식 분석 용어

이니시에이션 리포트(Initiation report)

이니시에이션 리포트는 증권사에서 발간하는 애널리스트 보고서 가운데 하나로, 특정 기업이나 산업 분석을 시작할 때 세부내용을 자세하게 언급하는 보고서를 말한다. 애널리스트가 새로운 기업이나 산업 분석을 하는 데 꼭 필요한 절차이다.

수익추정모델(Earnings model)

증권사 애널리스트들이 밸류에이션을 위해 만든 엑셀 자료를 가리킨다. 보통 수십 개의 탭으로 구성된 엑셀 스프레드시트이고 해당 기업 공시 회계 정보와 함께 향후 실적에 대한 예측 데이터를 포함한다. 여기에는 해당 기업의 사업별 매출 분포, 상품별 분포 및 예측 데이터가 모두 나와 있다. 애널리스트들은 여기에 현재 상황과 미래에 대한 추정치를 기준으로 예측 데이터를 만든 후, 밸류에이션을 통해 목표주가를 구하게 된다.

장부가액(Book Value)

장부가액 혹은 장부가치는 회계에서 대차대조표 계정 잔액에 따른 자산의 가치이다. 전통적으로 회사의 장부가치는 총 자산에서 무형 자산과 부채를 뺀 금액이다. 순자산 혹은 총자본과 같은 개념이다.

주당순자산가치(BPS, Book Value per Share)

기업이 보유한 순자산(총 자산에서 총 부채를 뺀 값=총 자본)을 총 발행된 주식 수로 나눈 값으로, 주주에게 귀속되는 1주당 자산의 가치를 나타낸다. 계산 방식은 순자산÷총 발행 주식 수이다. 주당순자산가치는 주가순자산비율 계산의 기초가 된다.

주가순자산비율(PBR, Price Book Value Ratio)

주가가 순자산에 비해 1주당 몇 배로 거래되고 있는지를 측정하는 지표이다. 주가순자산비율은 장부상의 가치로 회사 청산 시 주주가 배당 받을 수 있는 자산의 가치를 의미하기 때문에, 재무 내용 면에서 주가를 판단하는 척도가 된다.

주당순이익(EPS, Earnings per Share)

주당순이익은 기업이 벌어들인 순이익(당기순이익)을 주식 수로 나눈 값으로, 1주당 이익을 얼마나 창출했느냐를 나타내는 지표이다. 즉 해당 회사가 1년간 올린 수익에 대한 주주의 몫을 나타내는 지표라 할 수 있다. 또한 주당순이익은 주가수익비율 계산의 기초가 된다.

주가수익비율(PER, Price per Earnings Ratio)

주가수익비율은 주가가 그 회사 1주당 수익의 몇 배가 되는가를 나타내는 지표로, 주가를 1주당 순이익EPS으로 나눈 것이다. 즉 어떤 기업의 주식 가격이 10,000원이라고 하고 1주당 수익이 1,000원이라면, 주가수익비율은 10이 된다.

주가매출비율(PSR, Price Sales Ratio)

주가매출비율은 주가를 회사의 연간 주당 매출로 나누어 계산한다. 주가매출비율은 수익이 적자거나 수익의 일관성이 없는 회사를 평가할 때 유용하다.

현금흐름할인법(DCF, Discounted Cash Flow)

가장 대표적인 내재가치평가Intrinsic valuation 방법으로, 미래에 기업이 돈을 벌어들이면 발생할 것으로 예상되는 잉여현금흐름을 적절한 할인율을 적용해 현재 가치로 환산해 합산하는 것이다. 현재 그 기업의 가치를 평가하는 방법이다.

잉여현금흐름(FCF, Free Cash Flow)

기업이 사업으로 벌어들인 돈에서 세금과 영업 비용, 설비 투자액 등을 제외하고 남은 현금을 의미한다. 철저히 현금 유입과 유출만 따져 돈이 회사에 얼마 남았는지 설명해주는 개념이다.

밸류에이션(Valuation)

애널리스트가 현재 기업의 가치를 판단해 적정 주가를 산정해내는 과정이다. 기업의 가치를 평가하는 애널리스트들은 기업의 경영진, 자본 구조의 구성, 미래 수익의 전망 및 기업이 보유한 자산들의 시장가치를 분석하고 대표적인 지표인 PER, PBR, DCF, EV/EBITDA 등을 통해 밸류에이션을 한다.

목표주가(Target Price)

목표주가는 애널리스트가 예상하는 미래 특정 시점의 적정 가치를 의미한다. 목표주가를 산출하는 방법은 애널리스트마다 다른데, 기업 이익에 대한 전망치가 다르고 밸류에이션을 하는 방법도 다르고 또한 이익 전망치에 대해 몇 배의 비율을 적용할지에 대한 견해가 각각 다르기 때문이다.

자기자본이익률(ROE, Return on Equity)

기업이 자기자본Equity을 활용해 1년간 얼마를 벌어들였는가를 나타내는 대표적인 수익성 지표로 경영 효율성을 표시해준다. 따라서 자기자본이익률이 높다는 것은 자기자본에 비해 그만큼 당기순이익을 많이 내 효율적인 영업활동을 했다는 뜻이다. 자기자본이익률은 당기순이익÷평균자기자본으로 계산한다.

투하자본수익률(ROIC, Return on Invested Capital)

기업이 실제 영업 활동에 투입한 자산으로 얼마의 영업이익을 거뒀는지 나타내는 지표다. ROIC는 '세후순영업이익(NOPAT)÷영업투하자본(IC)'의 계산식으로 도출된다. ROE와 다르게 순이익이 아닌 영업이익을 기준으로 계산하기 때문에 특별이익과 같이 영업 활동과 관련 없는 이익을 제외하고 순수한 영업 활동으로 인한 이익과 얼마의 자본을 투하해 수익을 창출했는지 알 수 있다.

영업레버리지(Operating Leverage)

고정비용과 변동비용의 비율을 통해 기업의 영업이익이 매출 변동에 얼마나 민감하게 반응하는지를 나타내는 재무 지표이다. 매출액 변화가 영업이익에 미치는 영향을 측정하는 것이다. 영업레버리지가 클수록 매출액 증가(감소) 시 영업이익이 더 크게 증가(감소)한다.

베타(Beta, β)

베타 지수는 특정 주식이나 포트폴리오가 시장 전체와 비교해 얼마나 민감하게 반응하는지를 나타내는 지표이다. 쉽게 말해 시장이 오르거나 내릴 때 해당 주식이 얼마나 크게 움직이는지를 보여준다. 예를 들어 베타 지수가 1이라면 시장과 동일한 변동성을 보이며, 1보다 크면 시장보다 더 큰 변동성을, 1보다 작으면 시장보다 작은 변동성을 나타낸다.

감자(Capital reduction)

주식 금액 또는 주식 수를 줄여서 자본금을 감소시키는 방식을 의미한다. 자본잠식이 되어 본래의 자본금을 밑돌 때 회계상의 결손을 메우기

위해 실시한다. 감자 이후에는 자본잠식이 해소되어 재무 건전성이 높아
지는 장점이 있다.

주주환원율(Shareholder return)

주주환원율은 기업이 벌어들인 이익 중 얼마나 많은 부분을 주주에게
돌려주었는지를 나타내는 지표이다. 현금 배당과 자사주 매입의 두 가지
방식으로 주주에게 이익을 환원하게 되는데, 이를 통해 기업의 이익 배
분 정책과 주주 친화적인 경영 의지를 파악할 수 있다. 주주환원율 계산
은 다음과 같다.

주주환원율 = (현금 배당액 + 자사주 매입액) ÷ 당기순이익 × 100

펀더멘털(Fundamental)

해당 기업의 성장 가능성, 재무 상태, 경영진의 역량, 시장점유율 등 기업
의 내재 가치를 평가하는 기본적인 정보를 말한다. 이를 통해 투자자들
은 어떤 기업에 투자를 할지 결정하고 투자 전략을 수립할 수 있다.

펀드매니저(Fund manager 혹은 Portfolio manager)

투자신탁의 자산 운용 담당자 또는 기관 투자자의 펀드를 관리하거나
운용하는 사람이다. 펀드 운용은 기본적으로 포트폴리오 구성에 대한 관

리이므로 포트폴리오 매니저라고도 한다. 투자 결정의 실질적 권한과 책임을 가지고 있으며, 운용 성과가 펀드매니저 개인의 능력에 따라 크게 좌우되기 때문에 투자 수익률에 결정적인 영향을 미친다.

기업설명회(NDR, Non-Deal Roadshow)

기업이 증권사 애널리스트, 펀드매니저 등을 직접 만나 회사의 경영 현황과 미래 전망을 설명하고, 투자 유치를 유도하는 활동이다. 기업이 공식적으로 발표하는 실적이나 보도자료 외에, 기업의 내부 정보나 미래 전략 등을 직접 들을 수 있기 때문에 투자자들에게 매우 중요한 정보원 중 하나이다.

투자자사전교육(PDIE, Pre-Deal Investor Education)

투자자사전교육은 예비 상장사가 주력 사업, 지배구조, 실적, 재무구조 등에 대한 시장의 이해도를 높이기 위해 진행하는 사전 교육을 말한다. 통상 투자설명회DR, Deal Roadshow와 수요 예측을 1~2주가량 앞두고 실시한다. 기업 설명과 더불어 사전에 공모주 수요를 가늠한다는 의미도 있다.

기업공개(IPO, Initial Public Offering)

외부 투자자가 공개적으로 어떤 기업의 주식을 살 수 있도록 해당 기업이 자사의 주식과 경영 내역을 시장에 공개하는 것을 말한다. 주식이 증권시장에서 거래될 수 있도록 공식적으로 등록하는 '상장'이 기업공개의 주요 방식이다.

공매도(Short selling)

보유하고 있지 않은 주식을 매도하는 것을 말한다. 주가가 하락할 것을 예상해 주식을 빌려서 매도하고 주가가 하락했을 때 주식을 사들여 주식을 갚고 시세차익을 얻는 것을 주목적으로 한다. 자산의 가격이 하락하면 이익을 얻지만 자산의 가격이 상승하면 손실을 입게 된다. 공매도는 매도증권을 사전에 차입했는지 여부에 따라 무차입 공매도와 차입 공매도로 구분된다. 우리 주식시장에서 무차입 공매도는 허용되지 않지만 차입 공매도는 가능하다.

선행매매(Front running)

기관 투자자의 매매 정보가 확실한 경우 펀드매니저나 주식중개인이 고객의 주문을 체결하기 전에 '동일한 증권'을 자기 계좌에서 매매하거나 제삼자에게 매매를 권유해 부당이득을 챙기는 것을 말한다. 폭넓게는 미공개 정보를 이용해 개인적으로 이득을 취하는 주식 거래 행위가 모두 포함된다.

투자은행(IB, Investment Bank)

투자은행이란 주로 자금을 필요로 하는 기업들과 투자 주체를 연결해 주는 역할을 하는 회사로, 기업들이 자금을 조달하기 위해 증권을 발행할 때 중개 역할을 한다. 단기 자금 및 일반 예금, 대출을 취급하는 상업은행CB, Commercial Bank과 대비되는 개념으로, 소비자금융을 비롯해 주식, 채권을 인수, 판매해 기업에 장기 자금을 공급하고 인수합병 자문, 파생금융상품 매매 서비스도 제공하면서 투자와 관련된 각종 지원, 서비스 업무를 한다.

벌지 브래킷(Bulge bracket)

전 세계 고객을 대상으로 유가증권 인수, 자금 조달 주선, 인수합병 등 투자은행 분야의 모든 서비스를 제공하는 글로벌 투자은행을 일컫는다. 미국 월가에서 채권 발행이나 기업공개 시 투자자들에게 발송하는 제안서의 표지에 대표 주관사들의 이름을 맨 윗줄에 다른 회사들보다 크게 표기한 데서 비롯되었다.

차이니스 월(Chinese Wall)

금융회사 내의 특정 부서에서 업무상으로 얻게 된 정보를 같은 회사 내의 다른 부서가 취득해 불공정한 이윤을 내는 것을 방지하기 위한 가상의 윤리적인 방화벽이다. 부서 간 차단벽Fire Wall이라고도 불린다.

지수 관련 용어

S&P500

미국의 신용평가회사 스탠더드 앤드 푸어스S&P에서 개발한 미국의 주가 지수이다. 뉴욕증권거래소와 나스닥에 상장된 주식 중 미국 500대 시가총액 기준 주가 지수이다. 참고로 워런 버핏은 이 지수를 상당히 신뢰해서, 아내에게 자신이 죽은 뒤 유산으로 미국 국채에 10%를 투자하고 나머지 90%는 전부 S&P500 인덱스 펀드에 투자하라고 말했다.

나스닥100

미국 나스닥 시장 상장 종목 중 시가총액이 크고 거래량이 많은 100개 비금융 업종 대표 기업으로 이루어진 지수를 나스닥100 지수라 한다. 애플, 아마존, 메타, 테슬라 등 중요 기술 기업이 포함되어 있어 기술주 투자자에게 중요한 지표이다.

필라델피아 반도체 지수(SOX, Semiconductor Sector Index)

미국 내 증권거래소에 상장된 반도체 관련 기업 30곳을 묶은 지수다. 이 지수는 30개의 대표적인 반도체 관련주를 포함하고 있어 반도체주의 가격 동향을 읽을 수 있도록 해준다. 미국 증시에 상장된 반도체 기업 중 시가총액 기준으로 상위 30개사가 이 지수에 포함된다.

다우존스 산업 평균 지수(DJIA, Dow Jones Industrial Average)

미국 다우존스사에서 발표하는 주가 지수이며, 미국 증권거래소에 상장된 30개의 우량 기업 주식 종목들로 구성되어 있다. 다우 지수 혹은 DJIA 등으로 부른다.

상장지수펀드(ETF, Exchange Traded Fund)

인덱스 펀드를 거래소에 상장해 투자자들이 주식처럼 편리하게 거래할 수 있도록 만든 상품이다. 투자자들이 개별 주식을 고르기 위해 수고를 하지 않아도 되는 펀드 투자의 장점과, 언제든지 시장에서 원하는 가격에 매매할 수 있는 주식투자의 장점을 모두 가지고 있는 상품으로 인덱스 펀드와 주식을 합쳐놓은 것이라고 생각하면 된다. 최근에는 시장 지수를 추종하는 ETF 외에도 배당주나 가치주 등 다양한 스타일을 추종하는 ETF가 상장되어 있다.

주식예탁증권(GDR, Global Depositary Receipts/ADR, American Depositary Receipts)

자국 시장에서 해외 주식을 거래할 수 있도록 은행이 외국 증권사와의 협약을 통해 자국 시장에서 거래 가능하도록 해놓은 것을 말한다. 자국민은 환전 없이 손쉽게 투자할 수 있으며, 해외 기업은 다양한 시장에서 자금을 유입할 수 있게 된다. GDR은 유럽 예탁 증권이고, ADR은 미국 예탁 증권을 뜻한다.

기타 용어

Y2K 문제(밀레니엄 버그)

컴퓨터가 연도 표시의 마지막 2자리만을 인식해 1900년 1월 1일과 2000년 1월 1일을 같은 날로 인식하게 되므로 예상되는 컴퓨터 장애로 인한 대혼란을 말한다. 이 문제가 2000년부터 발생하므로 밀레니엄버그 라고 부르게 되었다.

닷컴 버블(dot com bubble)

1990년대 후반부터 2000년대 초반까지 주로 정보기술IT 및 인터넷 기업의 주식 가격이 급등하면서 관련된 기업의 주가가 비합리적으로 높아진 현상을 말한다. IT 기업들이 주로 사용하는 도메인의 .COM(닷컴)과 거품 이라는 뜻의 버블을 합쳐 닷컴 버블이라고 명칭했다.

블룸버그(Bloomberg)

1981년 전 뉴욕 시장인 마이클 블룸버그에 의해 창립된 24시간 경제 전문 뉴스를 서비스하는 미디어 그룹이다. 주로 증권사 혹은 헤지펀드와 투자은행의 트레이더 등 금융계에서 업계 표준 격으로 사용되는 고성능 소프트웨어와 전용 단말기인 블룸버그 터미널이 유명하다. 블룸버그 서비스의 사용료는 비슷한 경쟁 서비스와는 아예 자릿수가 다를 정도로 높아서 일반 투자자들은 엄두를 낼 수 없을 정도이나, 현업 트레이더들은 블룸버그 대신 다른 걸 쓰느니 아예 보너스를 깎는 게 낫다는 농담 아닌 농담을 한다. 블룸버그 터미널은 금융 투자에 있어 '개인'과는 차원이 다른 '기관'의 파괴력을 상징하는 물건으로도 꼽힌다.

수직 계열화(Vertical Integration)

수직 계열화는 기업이 자회사를 통해 수직적으로 연결된 구조를 형성하는 전략을 말한다. 이는 기업이 생산, 유통, 판매 등의 여러 단계를 하나의 조직 내에서 통합해 경쟁력을 확보하고 효율성을 높이는 것을 목적으로 한다. 수직 계열화의 장점으로는 생산 및 유통 과정의 통합으로 인한 비용 절감, 품질 향상 등이 있다. 그러나 단점으로는 혁신 저하, 시장 변화 대응의 어려움 등이 있을 수 있다.

워크아웃(Workout)

회사의 도산 등을 피하기 위해 채무자와 채권자가 해결 방법을 모색하는 행위를 말한다. 워크아웃의 목적을 달성하기 위해서는 우선 해당 기업이 금융기관의 빚을 갚는 노력을 해야 한다. 그러나 대부분의 경우 기업 자력만으로는 이것이 불가능하기 때문에 부채 상환을 유예하고 빚을 탕감해주며, 필요에 따라서는 신규 자금도 지원해야 하는 등 금융기관의 손실 분담이 요구된다. 감자, 출자 전환 등의 과정이 선행된 연후에 금융권의 자금 지원이 이루어진다.

JP모건 리서치 헤드의 글로벌 리포트

반도체 투자 스펙트럼

© 박정준 2025

1판 1쇄 인쇄 2025년 1월 21일
1판 1쇄 발행 2025년 1월 31일

지은이 박정준
펴낸이 황상욱

편집 이은현 이미영 | **디자인** 박선향
마케팅 윤해승 장동철 윤두열 | **경영지원** 황지욱
제작처 한영문화사

펴낸곳 ㈜휴먼큐브 | 출판등록 2015년 7월 24일 제406-2015-000096호
주소 03997 서울시 마포구 월드컵로14길 61 2층
문의전화 02-2039-9462(편집) 02-2039-9463(마케팅) 02-2039-9460(팩스)
전자우편 yun@humancube.kr

ISBN 979-11-6538-435-7 (03320)